HOMBRES VIOLENTOS Y SUS VÍCTIMAS EN EL HOGAR

*Cómo romper
el ciclo del maltrato físico
y emocional*

PAUL HEGSTROM

*"El que se deja arrebatar por la ira llevará el castigo,
y si usa de violencias, añadirá nuevos males".*
—Pr. 19:19

Casa Nazarena de Publicaciones
Kansas City, Missouri, E.U.A

ISBN: 156-344-5484

Título original:
Angry Men and the Women Who Love Them

Traductora:
Gladys Aparicio

Diseño de cubierta:
Kevin Williamson e Isaac Abundis

Todas las citas bíblicas se han tomado de la versión Reina-Valera 1995,
excepto donde se indica una versión diferente.

Impreso en los Estados Unidos
Printed in the U.S.A.

10   9   8   7   6   5   4   3   2   1

A mis seis nietos, quienes por causa de
mi crisis y mi subsecuente disposición para
romper el ciclo de violencia,
viven en hogares donde reina la paz,
libres del maltrato físico
y emocional.

CONTENIDO

AGRADECIMIENTO

A muchas personas debo agradecer por sus palabras de aliento y apoyo en este proyecto. Al escribir este libro realmente tuve que humillarme, porque en forma deliberada retorné al pasado doloroso y al principio de mi recuperación —para recordar de dónde he venido.

Mi esposa Judy y mis hijos —Tammy, Heidi y Jeff— fueron una fuente de apoyo mientras realizaba la investigación, las adaptaciones y la aplicación de estas técnicas en mi vida.

Agradezco a Lenore Walker, cuyo trabajo pionero en el área de la violencia doméstica era lo único que yo tenía a fines de la década de 1970, cuando era tan inmensa mi necesidad. Otros que influyeron en mi investigación y en mi vida eran expertos en el estudio de este problema, incluyendo el Proyecto Sobre Maltrato Doméstico en Minneapolis.

Agradezco en especial a Mary Rebar, de la oficina del Procurador Estatal en el condado de Champaign, Illinois, por sus sabios consejos mientras preparábamos este libro, y por su conocimiento del sistema judicial y los servicios para las víctimas.

No puedo dejar de mencionar a mi pastor, Tim Stearman, quien se arriesgó a confiar en mí en 1989, cuando otros aún dudaban de mi recuperación; y a Keith Showalter, quien me apoyó como garante. Reverendo Stearman, usted es el mejor pastor que he tenido.

Bonnie Perry y Jonathan Wright, ustedes han sido pacientes conmigo durante el proceso de escribir y redactar este libro. Gracias desde lo más profundo de mi corazón.

A todos los que han tenido parte en esta obra, gracias.

LOS
ANTECEDENTES

LA HISTORIA DE PAUL

Mi padre era buen comunicador desde el púlpito, pero no sabía comunicarse eficazmente con su familia. Cada día al salir de la casa me daba la mano, aun cuando tenía sólo cinco o seis años de edad. Yo ansiaba desesperadamente que me levantara y me abrazara, o que se inclinara y pusiera sus brazos alrededor de mí. A pesar de todo, disfrutaba de mi tranquilo hogar cristiano.

Un privilegio que tuve como hijo de pastor fue la oportunidad de conversar con los misioneros que venían a nuestra iglesia. Una misionera que hizo gran impacto en mi vida fue Louise Chapman, quien ministró en Africa durante casi la mitad de su vida. Ella relataba historias de hechiceros y víboras *mamba* negras, y daba testimonio de cómo el Dios soberano en quien confiaba le había salvado la vida en muchas situaciones.

Una noche le pregunté: "Señora Chapman, ¿qué se siente cuando Dios lo llama a uno al ministerio?"

Ella me lo explicó en términos que un niño de nueve años pudiera entender, y mis ojos se llenaron de lágrimas. "Señora Chapman", le dije, "eso he sentido desde hace un tiempo".

"¿Estás dispuesto a ir a donde Dios quiera que vayas?", me preguntó.

"Estoy dispuesto a hacer lo que El me pida", respondí. "Quiero servir a Jesús". Entonces puso sus manos sobre mi frente y oró por mí. Me sentí muy emocionado esa noche porque Dios me había escogido para servirlo en su reino.

Sin embargo, el enemigo de Dios tenía otros planes. Seis meses después que acepté el llamamiento de Dios a dedicarle mi vida, un hombre adulto abusó sexualmente de mí. Desde ese instante me sentí sucio, perdido y diferente. Más tarde pensé en mi llamamiento, pero llegué a la conclusión de que Jesús no podía usar a un muchacho "sucio". Traté de contarles a mis padres lo sucedido, pero en 1950 no hablábamos de esas cosas. En cierta ocasión me reprendieron sólo por haber usado la palabra "sexo".

Unas semanas después del primer intento de hablar con mi madre al respecto, le pregunté hipotéticamente: "Si nuestro vecino David hubiera sido atacado sexualmente por un hombre mayor, ¿qué pasaría?"

Mi madre dijo: "No podrías jugar con David nunca más".

"¿Por qué?", le pregunté.

Respondió que David sería un niño "marcado". "Estaría arruinado, dañado; sabría cosas que los niños no debían saber. Tú no podrías jugar con David nunca más".

Puesto que no me permitían hablar honestamente del problema y no había podido resolverlo con la "historia" de mi amigo David, quedó enterrado en mi subconsciente. Desde los 9 hasta los 40 años de edad nunca más recordé el abuso sexual.

Cuando empecé a salir con muchachas, mi conducta era irritable y abusiva. Sin duda, la causa era la traumática experiencia que había tenido en lo sexual al ser atacado de niño, y no una sola vez, sino en varias ocasiones.

Conocí a Judy cuando mi familia se mudó a la ciudad donde ella vivía. Tenía 13 años y yo 15. Para el tiempo cuando empezamos a salir juntos, yo había desarrollado una personalidad cambiante como la de Jekyll y Hyde. Podía ser alegre, gracioso, el payaso del pueblo; pero no podía cultivar relaciones interpersonales porque mi desarrollo emocional se había detenido en la niñez.

En las citas con Judy empecé a tratarla mal. Debido al estancamiento en mi desarrollo, me sentía como un niño al lado de una atractiva muchacha mayor, y temía que alguien tratara de quitármela. Inconscientemente procuraba destruir su autoestima para que nunca me dejara para irse con otro.

Judy y yo nos casamos cuando yo tenía 19 años y ella casi 17. Yo estaba decidido a poseerla, así que hicimos planes para fugarnos. Pero, la mamá de Judy se enteró de nuestros planes y me dijo: "Si los detenemos ahora, tratarán de fugarse otra vez; mejor llama a tu padre y dile que venga a casarlos".

Nos casamos un sábado, y el domingo maltraté a Judy física y emocionalmente. Este estilo de vida duró más de 16 años.

Aunque rehusaba admitirlo, yo sabía que tenía un serio problema. Odiaba mi forma de ser. Pensé que dedicarme al ministerio pondría fin a mi mal comportamiento. ¡Qué razón tan equivocada para entrar al ministerio cristiano!

Judy y yo pastoreamos una iglesia pequeña en Iowa. Yo era una vasija rota, pero la iglesia crecía y la gente aceptaba a Cristo. Obviamente la Palabra de Dios trabaja sola.

Durante las primeras seis semanas en el pastorado pude controlar mi conducta. Puesto que la iglesia era pequeña, busqué un trabajo fuera de la ciudad para poder sostenernos. Luego, la tensión aumentó y, con el tiempo, se convirtió en un hábito pelear con Judy cuando yo llegaba a la casa pastoral. Hacía hoyos en las paredes con mis puños y maltrataba a Judy y a nuestros hijos. A veces ella trataba de encerrarse en el baño pero yo entraba a la fuerza. No tenía a dónde escapar.

Ese comportamiento continuó durante tres años. No tenía control de mis actitudes. Mi vida no era lo que debía ser y no podía cambiar. La personalidad cambiante me dominaba otra vez. En muchas ocasiones me arrodillé en el altar de la iglesia y clamé: "Dios, ¿por qué no puedo cambiar? ¿Por qué soy tan impulsivo en esta relación? ¿Por qué no encuentro estabilidad?"

Parecía que no había respuesta, así que uno de mis argumentos era: "Dios, Tú me llamaste al ministerio. Si cambiaras la actitud de Judy, yo no tendría este problema". Incluso le pedí a Dios: "Golpéala en la cabeza con un palo. Señor, oblígala a escucharte. Haz que sea obediente y sumisa. Si lo haces, no me comportaré de esta manera". Yo la culpaba a ella por mi problema.

Al fin me cansé de tratar de pastorear cuando sabía que no estaba viviendo correctamente. Dejé la iglesia y también a mi familia. Le di la espalda a Dios y a todo lo que había creído alguna vez.

Judy y yo estuvimos separados por 3 1/2 años y divorciados por otros 3 1/2 años. Durante ese tiempo mantuve una relación ilegítima que fue aun más violenta. En cierta ocasión, maltraté tanto a esa mujer que escapó a un refugio para víctimas de violencia doméstica y llamó a la policía. Ella se informó respecto a sus derechos y lo que ocurriría si me denunciaba oficialmente. Por mi conducta, me arriesgaba a ser acusado de intento de asesinato y a pasar de 15 a 22 años en la cárcel. Ella me dijo: "Si no buscas ayuda —si no ingresas en un programa y logras que te reciban en las próximas 12 horas— le daré a la policía tu nombre y dirección". Me dio el número telefónico del programa y el nombre del hombre con quien debía hablar.

Eso captó mi atención. Ingresé al programa y obtuve terapia particular. El programa me motivó y despertó en mí el deseo de cambiar.

> *Por mi conducta, me arriesgaba a ser acusado de intento de asesinato y a pasar de 15 a 22 años en la cárcel.*

Sin embargo, seis meses después todavía no quería aceptar mi responsabilidad. Le dije a los otros miembros del grupo que si no fuera por mi ex esposa, por mi amante, por mis padres, por mi perro, por esto o por lo otro, todo sería diferente.

Un hombre en la clase dijo: "¿Cuándo vas a entender que el problema no son ellos, sino tú?" El aún no había aceptado sus propias responsabilidades, pero podía ver cuál era la realidad en mí. Eso me indignó y decidí que no volvería a la clase, aunque tuviera que enfrentar el cargo de intento de asesinato. Tres noches después me enojé con Dios, me tiré al suelo y comencé a dar golpes en el piso. Por dos horas le grité a Dios, diciendo frases como: *"David era un hombre conforme a tu corazón, ¡pero quebrantó todos los mandamientos! Tú dijiste que no haces acepción de personas y te he suplicado que me ayudes. ¿Por qué no escuchas mi oración?"*

Continué repasando una lista de los grandes hombres de la Biblia y sus pecados. Luego dije: *"En Santiago dijiste que si alguien te pedía sabiduría, Tú se la darías abundantemente".*

De la ira pasé a sentir lástima de mí mismo, hasta que no me quedaron más lágrimas y la garganta me dolía. No podía ni siquiera susurrar; había perdido la voz por haber gritado tanto. Entonces, en mi corazón escuché: "Paul, el Padre ha oído tu ruego pidiendo sabiduría, pero tu espíritu no está dispuesto a aprender".

Me pregunté: "¿Por qué no soporto ninguna clase de autoridad? ¿Por qué no estoy dispuesto a aprender?" Nuevamente percibí la respuesta: "Si aceptas aprender, el Padre te dará un programa que restaurará a tu familia. Cuando esto se cumpla, El quiere que lo enseñes a toda la nación y luego a todo el mundo".

Tuve que reconocer: *"Dios, no sé qué debo hacer para estar dispuesto a aprender. ¿Quieres enseñarme?"*

Cuando Dios empezó a enseñarme lo que le había pedido, aprendí que debía acercarme a El como un niño. Después tenía que crecer. Comprendí que sólo yo era responsable por mi conducta abusiva, regresé al grupo y terminé el programa.

Unos meses después llamé a Judy y le dije: "Judy, están sucediendo algunos cambios en mi vida".

Al principio ella no quiso saber nada de mí. Finalmente aceptó reunirse conmigo y hablamos durante horas. Por primera vez llegamos a ser amigos. Salimos juntos por 11 meses. Dios obró en nuestros corazones y me ayudó a madurar. Empecé a crecer. Dios también nos dio un amor mutuo que no había existido la primera vez.

Después de haber estado separados por siete años, Judy y yo nos casamos por segunda vez, hace 15 años. Desde entonces no hemos tenido ni un solo incidente de maltrato físico o emocional. Atacamos los problemas, y no el uno al otro.

Ese primer año, nuestros hijos vinieron a la casa en la Navidad; disfrutaron tanto de ese tiempo con nosotros que nuestra hija de 23 años de edad preguntó: "Papi, ¿podría venir a vivir con ustedes otra vez?" Le dije que sí.

Después de haber vivido en casa unos meses, le dijo a su hermana de 22 años: "Si papi te permite vivir aquí, ¡te encantará!" Dos horas después ella siguió el consejo de su hermana y me preguntó: "Papi, ¿podría vivir con ustedes también?" Nuestro hijo Jeff vino a vivir con nosotros cuando tenía 20 años, y tuvimos el privilegio de "criar" a nuestros tres hijos adultos otra vez. Ahora los tres están casados y tenemos seis nietos muy especiales.

Para Judy y para mí la vida no ha sido en verdad un camino de rosas. Pero, de nuestras dificultades ha surgido el programa "Aprendamos a vivir, aprendamos a amar —Técnicas para la vida". En nuestro hogar empezamos a aconsejar a otros y a crecer personalmente.

LA HISTORIA DE JUDY

Era la primera vez que estaba en un campamento juvenil en Iowa. Una clase que recuerdo de esa semana trató acerca del noviazgo y el matrimonio; allí nos pidieron que pensáramos en las características que nos gustaría en nuestro esposo o esposa. Cuando el maestro pidió que compartiéramos lo que estábamos pensando, la única persona que habló fue Paul, un muchacho alto que estaba sentado al lado de mi hermano. Paul hizo un comentario necio y los muchachos se rieron, pero las muchachas sólo pensamos que era un tonto. Dos meses después, Paul se mudó a mi ciudad y empezó a asistir a mi iglesia.

En este punto podría decir: "Y el resto es historia", pero la manera en que se inició nuestra relación no es una lección de historia; más bien, es un ejemplo —en forma inversa— de cómo evitar una relación de maltrato y violencia.

Paul y yo nos convertimos en la "novela" del grupo de jóvenes de la iglesia, con una relación de altibajos que me mantenía nerviosa todo el tiempo. Finalmente, Paul decidió que debíamos casarnos, aunque yo todavía estaba en mi último año de estudios de secundaria. Por supuesto, mis padres se oponían a que me casara tan joven y pensaban que Paul carecía de madurez. Sin embargo, al final aceptaron y tuvimos una ceremonia sencilla, sólo con los parientes más cercanos. Los padres de Paul llegaron un día antes de la boda y trataron de disuadirlo, pero él estaba decidido a casarse conmigo.

El domingo estábamos disfrutando de nuestro primer día completo juntos; luego llegó mi hermano y comenzó a discutir con Paul. Cuando intenté calmarlos, Paul me gritó: "¡Tú no te metas en esto!" Me empujó fuera del cuarto y caí. En ese momento empecé a temer a la persona con quien me había casado. Lo había considerado como una persona gentil, pero en un instante vi que podía volverse violento. Más tarde Paul me pidió disculpas, pero agregó que yo había tenido la culpa por interferir. Así empecé a aceptar la culpa por el maltrato. Pronto su conducta me hizo sentir que caminaba en terreno delicado, y tenía miedo de contradecirlo.

Después de unos días, Paul criticó mi inteligencia. Yo le respondí: "Qué lastima que no todos seamos tan inteligentes como tú".

Paul me golpeó la cara con el revés de la mano y rompió mis anteojos sobre mi nariz. Mientras sangraba, mi hermano simplemente observaba. Paul ofreció llevarme al hospital, pero yo temía estar con él y preferí que me llevara a la casa de mis padres.

Paul me dejó en la entrada de la casa y se fue antes que mi padre pudiera confrontarlo. Esa vez le rogué a mi padre que no le hiciera nada, lo cual sentó las bases para disculpar la conducta de Paul.

En los meses siguientes nos mudamos cuatro veces; en dos de esas ocasiones nos trasladamos a otra ciudad. Paul no quería asumir la responsabilidad de mantenerme. Yo tenía qué comer sólo porque trabajaba en un puesto de hamburguesas y podía comer allí. Al fin, un día llamé a mi padre para decirle que tenía hambre y que regresaría a la casa. En realidad no quería volver con mis padres; sólo deseaba que Paul buscara trabajo y cuidara de mí.

Fue en ese tiempo cuando supe que estaba embarazada. Poco después, Paul ya no quiso vivir con una mujer embarazada y se fue a buscar empleo en California. Siendo hijo de pastor, estaba acostumbrado a trasladarse de una ciudad a otra con frecuencia, y este fue el principio de constantes mudanzas, a veces de la familia, y otras, de Paul solo. Me cansé de los continuos traslados, especialmente después que nació nuestra segunda hija. Cuando le pregunté a Pablo: "¿Cuándo nos estableceremos y tendremos casa propia?", me respondió enojado que debíamos hacer un sacrificio para que él pudiera volver a la universidad.

Paul decidió obtener un título académico en teología y se matriculó en una universidad religiosa de Oklahoma. Durante su segundo año quedé embarazada otra vez, así que dejó los estudios y consiguió trabajo a 80 kilómetros de la casa. Aunque Paul trató de cuidar de su familia, pronto volvió a sus antiguas costumbres. Gastaba dinero en cosas fútiles, no pagaba las cuentas, y no le preocupaba que no tuviéramos alimento, luz, agua y gas. Los vecinos pusieron una extensión eléctrica desde su garaje hasta nuestra casa para que yo pudiera atender a los niños cuando oscurecía. Paul jamás sentía vergüenza cuando otras personas cuidaban de nosotros, aliviándolo de la responsabilidad de atender a su familia.

Después que nació nuestro tercer hijo, pensé que las cosas estaban mejorando para nosotros. Incluso viajábamos y cantábamos con otra pareja. Pero, Paul se cansó de manejar esas largas distancias y decidió tratar de cumplir otro sueño en Texas.

Allí trabajó en radio y le encantó. Los primeros domingos fue a la iglesia conmigo para impresionar al pastor. En todos los lugares adonde nos trasladamos alguien conocía a los padres de Paul, y él necesitaba esa aprobación. Pero, luego dejaba de asistir, y los niños y yo íbamos solos a las actividades de la iglesia.

Después de un año, Paul quiso mudarse otra vez. Volvimos a Iowa, donde consiguió un puesto en radio y televisión. También trabajaba medio tiempo en una tienda de licores y él empezó a tomar. Rara vez lo veíamos, y cuando llegaba a la casa, nos maltrataba a todos de alguna manera. Realmente no era el mismo hombre con el que creía haberme casado.

Una vez decidí que no permitiría que Paul arruinara mi diversión. Habíamos hecho planes para ir de vacaciones con otra pareja. A última hora, Paul puso pretextos para no ir. Si sus razones hubieran sido válidas, me hubiera quedado en la casa. Pero, decidí ir sin él. El día que partimos, me sorprendió al mostrarse muy cooperativo. Cuando volvimos, parecía un hombre transformado. Paul había decidido entregar su vida al Señor y cumplir con su llamamiento a ser pastor.

Paul fue llamado para ser el pastor de una iglesia en una comunidad pequeña. Realmente pensé que nuestras vidas cambiarían. Entonces, la madre de Paul llegó para quedarse con nosotros por seis semanas. El propósito era enseñarle a ser un buen pastor y, "con suerte", enseñarme a mí a ser una esposa de pastor adecuada. Cuando ella se fue, Paul no sólo volvió a ser el mismo de antes sino que estaba más violento. Cuando estábamos en la casa me golpeaba, rompía las paredes con el puño y nos insultaba. Luego se transformaba en una persona totalmente distinta cuando tenía que salir.

Mientras crecían nuestros hijos, yo había tratado de protegerlos del comportamiento de Paul, pero sin mucho éxito. A veces encontrábamos a niños de la congregación parados cerca de la puerta, escuchando nuestras conversaciones. Varias veces el padre de uno de los niños confrontó a Paul, pero lo único que éste hacía era enojarse. Una vez la madre de unos niños me invitó a salir con ella y me hizo preguntas directas acerca de Paul. Cuando le conté a él parte de la conversación, nunca más me dejó salir a ningún lugar. Me informó también que jamás debía tener amistades en la iglesia y que no debía hablar de él.

Lo que experimentamos en la casa pastoral realmente no era lo que yo había esperado. Después de un tiempo, Paul consiguió empleo fuera de la ciudad porque la iglesia no podía pagarle lo suficiente. Pero, llevar una doble vida hizo que aumentara la tensión, Paul abandonó el ministerio y nos trasladamos a otra ciudad. Al llegar, buscamos alojamiento en un motel, pero Paul dijo que no podía quedarse con nosotros porque los que estaban trasladando nuestras cosas llegarían temprano al día siguiente. Más tarde supe que esa noche se había quedado con una amiga, una de las muchas mujeres que hubo en la vida de Paul durante nuestro matrimonio.

En vez de culpar a mi esposo por su conducta, yo me culpaba pensando: "Si pudiera descubrir qué es lo que lo haría feliz, todo marcharía bien". Pero, no importaba cuánto tratara yo de mejorar mi apariencia, mi conducta, mi forma de ser, él nunca estaba satisfecho.

Después de un tiempo Paul ya no se preocupaba por ocultar sus infidelidades. Me destrozó el corazón saber que mi esposo le había enviado dos docenas de rosas a otra mujer llamada Judy. Yo jamás había recibido de él ni una rosa.

Finalmente Paul pidió el divorcio. En Iowa la ley exigía que las parejas tuvieran una sesión de consejería antes de divorciarse. Yo tenía la esperanza de que el consejero nos ayudara. Cuando éste pidió que le describiéramos nuestros problemas, cada vez que yo hacía un comentario, Paul lo refutaba astutamente. Al finalizar la sesión, me puse a llorar al darme cuenta de que Paul había convencido al consejero de que yo tenía problemas emocionales. El consejero dijo que nuestro matrimonio probablemente podría sobrevivir con consejería, pero que si decidíamos divorciarnos, él daría su consentimiento. Me sentí derrotada, pero por alguna razón Paul no se divorció de mí.

Nos trasladamos nuevamente, pero después que murió el padre de Paul, éste se rebeló contra todo lo que sus padres habían defendido. El se fue a vivir en Minneapolis y nos visitaba sólo de vez en cuando.

Yo estaba cansada de las mudanzas y de tener que "empezar otra vez"; a nuestros hijos los habíamos llevado de un lugar a otro tantas veces que nunca desarrollaban amistades duraderas. Traté de comprender a Paul y descubrir sus sentimientos, pero nunca me decía nada, excepto lo que deseaba. Por ese tiempo decidió que necesitaba estar solo para pensar, así que nos envió de regreso a Iowa. Allí conseguí empleo y apartamento, y matriculé a los niños en otra escuela.

El siguiente año la vida fue soportable. Paul no nos mantenía, pero los niños y yo estábamos juntos y felices. Un año después, Paul quiso que volviéramos a Minnesota a vivir con él. Quería hacernos creer que nos extrañaba, pero teníamos miedo. Finalmente cometimos el error de regresar, y el maltrato empezó a ocurrir a diario. Ninguno estaba exento de su control. De acuerdo con sus comentarios, yo no mantenía la casa en orden, siempre estaba desaliñada, estaba muy gorda, era muy fea, hablaba demasiado, no hablaba lo suficiente, no ganaba suficiente dinero. Me sentía como prisionera. Paul incluso me ordenó que no contestara el teléfono. Recuerdo un día cuando lo hice después que me lo había prohibido. Paul me golpeó con tal fuerza que me lanzó por el piso de la cocina y di contra una pared. Los niños estaban allí, temerosos de hablar. El les gritó que se fueran a sus dormitorios y los siguió.

Después Paul se acercó a mí en busca de "amor". Sentí mi cuerpo rígido al sólo pensar en intimidad cuando él acababa de arrojarme a través de la cocina. Su solución a nuestros problemas siempre era: "Vayamos a la cama para reconciliarnos".

Estaba cansada de eso. Paul me acosó, insistiendo para conseguir lo que quería, pero yo era obstinada. Al ver que no cedía, me golpeó tan fuerte que me dejó sin respiración. La puerta del dormitorio estaba cerrada con llave y los niños estaban afuera, llorando y preguntándome qué me pasaba. Al fin dejé de llorar y les dije que yo sola me había lastimado. Ellos no eran tontos, sólo se sentían indefensos.

De pronto empecé a notar cosas extrañas. Paul era experto para mentir y encubrir sus actos, pero sus excusas ya no eran convincentes. No permitió que aceptara un empleo porque, según él, no me pagarían mucho, pero supe después que su amante trabajaba en esa oficina. Cuando encontré material pornográfico en la casa, dijo que era de un amigo que seguramente lo había escondido allí. Los domingos por la mañana se vestía como para ir a visitar "clientes". Aun el Día de Acción de Gracias nos dejó en medio de la cena familiar; la excusa fue que "había olvidado hacer algo para la oficina". Por supuesto, en realidad se fue a la casa de su amiga para disfrutar de otra cena de Acción de Gracias. Cuando encontré restos de hojas molidas en su bolsillo, no pudo explicarme la causa porque no quería admitir que usaba drogas.

> *Paul era experto para mentir y encubrir sus actos, pero sus excusas ya no eran convincentes.*

En la próxima mudanza, Paul dijo que no podía ir con nosotros. Cuando al fin llegó a la nueva casa, la camioneta para mudanzas que había manejado estaba casi vacía. Su explicación fue que necesitaba la mayor parte de los muebles en la casa de Minnesota; así se vería mejor y la vendería a mejor precio. Por lo que yo sabía, no teníamos casa en Minnesota, pero, ¿qué podía hacer?

Nuestro nivel de vida apenas se aproximaba al de supervivencia, y a veces estábamos con Paul y a veces sin él. Yo no encontraba trabajo y necesitábamos alimento en forma desesperada. A menos que pidiera el divorcio, la agencia de beneficencia no podía darme cupones para comprar lo que necesitábamos. Una hermana de la iglesia nos regaló una bolsa con víveres. Nos sentíamos humillados porque supuestamente Paul estaba ganando mucho dinero, pero no cuidaba de su familia.

El maltrato físico continuaba, juntamente con otras formas de abuso. Paul se quedaba por un tiempo y luego desaparecía de nuestras vidas, pero me sentía mejor cuando mis hijos y yo estábamos solos. Pasábamos momentos maravillosos y disfrutábamos de la vida cuando él no estaba con nosotros.

Un día Paul llegó de Minnesota a nuestra casa en Iowa, manejando un camión en el que traía sus pertenencias. Dijo que todas mis cosas habían sido robadas de la casa. Descargó el camión y regresó a Minnesota. Más tarde supe que su amante lo había estado presionando para que se casara con ella, así que, aprovechando que había salido de la casa, él sacó todas sus pertenencias y me las dejó para que se las guardara.

Incluso cuando vivía lejos de nosotros, Paul controlaba nuestras vidas. En cierta ocasión no pagamos la cuenta del teléfono y nos cortaron el servicio. Aún así, él quería hablar conmigo todos los días, de modo que tenía que ir a un teléfono que estaba a dos cuadras de la casa y esperar su llamada. Por lo general no llamaba a la hora que indicaba, pero yo debía esperar. Si no estaba allí cuando él llamaba, se enfurecía.

Finalmente nos mudamos otra vez para vivir juntos como familia. Mientras sacaba las cosas de las cajas, abrí una pensando que era nuestra. Allí encontré un papel doblado y lo abrí. Sentí como una puñalada en el corazón al leer: "Hegstrom versus Hegstrom".

Mi mente no podía captar lo que decía el papel. Llamé al abogado cuyo nombre aparecía en el membrete, y dijo: "Señora, lo lamento, pero ustedes están divorciados". "¿Cómo es posible?", le pregunté. "Nunca recibí cartas al respecto ni tuve que presentarme en la corte". El respondió: "El señor Hegstrom declaró que no sabía dónde vivía usted ni cómo comunicarse con usted, por lo que no pudimos enviarle la notificación".

Puesto que no me había presentado a la audiencia, habían declarado que el divorcio se concedía sin oposición, y yo no había recibido nada.

Nunca me había sentido tan confundida e indignada. Empecé a llorar. Estaba divorciada y Paul ni siquiera me lo había comunicado. Cuando lo confronté, no mostró ningún remordimiento. Parecía que estaba tratando de destruirme para que yo me fuera. Así él no tendría que aceptar la culpa o la responsabilidad por el fracaso de nuestro matrimonio.

Mi espíritu estaba tan herido que yo *tenía* que irme. Quería encontrar un apartamento en un lugar lejos de él para estar a salvo —un lugar donde nunca más tuviera que verlo.

Al recordar ahora el pasado, creo que fui una tonta al tolerar el comportamiento de Paul por tantos años. Pero, tenía miedo de estar sola, de no contar con el dinero suficiente para mantener a nuestros hijos, de verme obligada a volver al principio —vivir con mis padres—, o tener que depender de la ayuda social. Durante todos esos años esperaba encontrar una cura mágica, o que Paul cambiara de algún modo, que quisiera estar con su familia y ser "normal". Al fin me di cuenta de que esto no iba a suceder. Me sentí totalmente indefensa y desesperada. Me preguntaba si sobreviviría, tanto financiera como mentalmente.

Llamé a mis padres y ofrecieron venir a ayudarnos en el traslado. Necesitaba el apoyo de ellos. No era tan fuerte como había pensado o como necesitaba ser. Mientras estaban allí para ayudarnos, mi padre finalmente confrontó a Paul, diciéndole: "Todos estos años has tratado terriblemente a mi hija. ¿Cuál es tu problema?"

Paul arrojó sus anteojos sobre la mesa; nuestros corazones se paralizaron temiendo que atacara a mi papá. Pero, Paul más bien cerró los ojos y se puso a llorar. Sentí amor y odio hacia él. Quería consolarlo, pero pensé que era otro de sus trucos para que sintiéramos lástima de él. No estaba dispuesta a arriesgarme otra vez. Quizá no era tan rudo, pero yo no quería averiguarlo.

Mis hijos y yo nos mudamos esa semana a un apartamento; quedamos encantados con el lugar y la libertad que estábamos experimentando por primera vez. En lo espiritual, empecé a luchar con varios dilemas. Si el Dios todopoderoso que está en su trono posee tanto poder, ¿por qué no había podido cambiar a Paul? ¿Por qué no me escuchó El cuando le pedí que me dejara morir, o por lo menos, que me ayudara a volverme loca para no tener que enfrentar otra vez el dolor y la carga de mi alma?

Entonces una noche el Señor me habló: "No ores para que Paul regrese. Ora por su alma".

Yo no quería desperdiciar mi tiempo. No creía que Paul pudiera cambiar. Orar por alguien que me había hecho tanto daño iba contra mi voluntad. Era mucho más fácil odiarlo, porque "amar" causaba dolor.

Al fin decidí obedecer y empecé a orar fervientemente por Paul, entregándolo al Señor. Dios me aseguró que Paul había sido de El antes, y quería que volviera a El.

> *Al fin decidí obedecer y empecé a orar fervientemente por Paul, entregándolo al Señor.*

Después de expresar durante varias semanas que dejaba a Paul en las manos de Dios, me di cuenta de que ya no sentía nada por él. Me sentía como adormecida. Pude continuar con mi vida, aunque significara estar sola. Era mejor que lo que había soportado por tanto tiempo. Quería que Paul viera que podía defenderme sola, que era una persona valiosa, capaz de usar mi cerebro, que otros me aceptaban y que yo también me aceptaba a mí misma.

Comenzamos a ir a la iglesia otra vez pero me sentía incómoda. Estaba segura de que todos sabían que yo estaba divorciada. Me sentaba en una de las últimas bancas porque me daba vergüenza. Me sentía como si hubiera contraído una enfermedad y nadie quisiera hablar conmigo.

Después de un tiempo decidí establecer cierto crédito, así que solicité una tarjeta y cada mes la usaba con cautela. A medida que establecí mi historia de crédito, sentí gran satisfacción al haber logrado algo por mí misma.

Un día, Paul me llamó y me preguntó si podíamos reunirnos. Me negué, pero él continuó llamando. Finalmente acepté encontrarme con él en el estacionamiento de mi oficina, después del trabajo. Quiso llevarme a algún lugar para tomar café, pero yo no deseaba estar sola con él. Le dije: "Paul, espero que algún día encuentres amor, porque obviamente no lo hallaste conmigo". También le dije: "Espero que algún día encuentres al Señor, porque es a El a quien necesitas realmente en tu vida".

Le pedí que no me llamara otra vez. Noté que eso lo perturbó, pero no sabía por qué. Después supe que, por primera vez, se había dado cuenta de que me había perdido; ya no era su marioneta.

Los siguientes dos años transcurrieron tranquilamente. Luego, nuestra segunda hija decidió ingresar a la universidad. Tendría que recorrer más de 800 kilómetros para llevarla y temía que mi carro no resistiera. Por tanto, hice a un lado el orgullo y le pregunté a Paul si me permitiría usar su carro. Me dijo entonces que él y su amiga se habían separado definitivamente. No le creí y, en realidad, no me importaba. Sólo necesitaba un carro. Pero, Paul no quería que manejara sola esa larga distancia, y se ofreció a llevar a Heidi a la universidad. Sabía que ella no se iba a sentir cómoda viajando sola con su padre, así que yo también fui.

Al regresar de la universidad a casa, para sorpresa mía, Paul y yo conversamos como seres humanos normales. No hubo críticas ni acusaciones; no dijo nada para hacerme sentir incómoda. Me preguntaba qué le había sucedido. Paul me explicó que estaba recibiendo terapia, que sus actitudes estaban cambiando y que había empezado a aceptar la responsabilidad por sus actos. Lo escuché atentamente, sorprendida de que durante todo el viaje no me hubiera criticado. Luego paró al lado de la carretera y dijo que tenía que sacar algo de su valija. Regresó con una pequeña caja y me la entregó. La abrí con cuidado y encontré un anillo con diamantes y zafiros. Cuando le pregunté por qué me lo estaba dando, dijo: "Sólo es algo que deseo darte porque te aprecio. Quiero que lo tengas, sin ninguna condición. Pruébatelo".

Era el regalo más hermoso que había recibido jamás. Cuando regresamos a Minnesota, no volvimos a vernos por mucho tiempo. Luego, de vez en cuando él me invitaba para salir a tomar café. No eran encuentros amorosos; sólo dialogábamos.

Al despedirnos, sentía que yo era una persona con inteligencia. Podía dialogar con él sobre diferentes temas sin que se enojara. Y, no tenía que pensar como él. Después de poco tiempo, nos reuníamos a menudo para tomar café en un restaurante donde el ambiente no era precisamente romántico.

Un día me preguntó si podía recogerme y llevarme al lugar donde acostumbrábamos reunirnos. Más adelante me invitó a un "verdadero" restaurante. Acepté porque ya me sentía cómoda al estar con él. Veía cambios en su comportamiento. Había observado sus reacciones a algunas de mis declaraciones. Estaba empezando a verlo como amigo.

Sin embargo, aún quería ser cautelosa. Un día hablábamos de la forma en que habíamos llegado a ser amigos, y Paul me preguntó: "¿Has pensado alguna vez que podríamos casarnos nuevamente?"

Le respondí que había pensado en lo que hubiera podido ocurrir si él se hubiera comportado así cuando estábamos casados. Ahora era atento, gentil y considerado respecto a nuestras necesidades. Sus emociones e ideas no controlaban nuestras conversaciones. Podía notar que él se había esforzado para cambiar y me gustaba el nuevo Paul. Estaba orgulloso de sí mismo, pero a la vez demostraba humildad.

Le pedí a Dios que me dirigiera y tuve la certeza de que me daría lo que necesitaba. Descansando en esa confianza en El, pronto empecé a sentir un amor por Paul que nunca había experimentado mientras estábamos casados. El también expresó que se había enamorado de mí y que, aunque estaba asustado, Dios le había mostrado que nuestra familia sería restaurada.

Las siguientes semanas después de nuestra segunda boda fueron maravillosas. Paul realmente había cambiado. Me sentía feliz con nuestra vida nueva. Pero, durante algunos años aún me preguntaba si me abandonaría otra vez. Una noche, durante una comida con algunos amigos de Paul, una mujer le preguntó si se había comunicado con su amiga.

Quedé asombrada de que alguien le hiciera esa pregunta delante de mí. Miré a Paul y pensé: "Si él responde 'sí', me voy de aquí".

El miró a la mujer directamente y respondió: "Por supuesto que no. No he vuelto a verla ni he hablado con ella desde que nos separamos".

Al día siguiente esa mujer vino a la iglesia. Cuando pasaba a su lado, me detuvo y dijo: "Judy, discúlpame por la pregunta que le hice a Paul anoche. No sé por qué lo hice".

Estaba dispuesta a perdonar a las personas por cosas que supuestamente no tenían intención de hacer, pero dolía. Confiaba en Dios y en Paul de que esta vez nuestra vida sería diferente, pero otras personas hacían que fuera más difícil.

Paul nunca me dejó ni retornó a su vida antigua. Hemos tenido un matrimonio feliz por 15 años. Sin embargo, no todo ha sido perfecto. A veces aún tengo que luchar con sentimientos que no he resuelto.

Durante aquellos años de nuestro primer matrimonio, Paul no era violento todo el tiempo. Tenía una personalidad cambiante. Podía ser maravilloso y divertido, y de pronto se transformaba en una persona completamente diferente. Los tiempos buenos siempre alimentaban mis esperanzas respecto a nuestro matrimonio. Y, puesto que Paul era maravilloso cuando manifestaba su actitud agradable, empecé a creer que yo tenía la culpa de sus arranques de ira. Por eso toleraba el maltrato y hasta llegué a pensar que lo merecía. Esa es una reacción típica de las víctimas de violencia en una relación.

Las situaciones de violencia no mejoran por sí solas. A veces las personas involucradas se decepcionan de Dios. Es cierto que el Señor puede hacer milagros en las vidas, pero nosotros tenemos que desear el cambio. Y cuando queremos cambiar, entonces necesitamos que Dios nos ayude a tratar con la conducta del pasado.

En estos tiempos en que todo es instantáneo, muchos somos tan independientes que queremos que el cambio ocurra ahora mismo. Si no sucede de inmediato, no tenemos tiempo para que Dios realice esos cambios. En la mayoría de los casos, nuestro dolor es un obstáculo y no podemos oír lo que Dios trata de decirnos. O, quizá las instrucciones de Dios parecen no tener sentido, así que tratamos de "arreglar" la situación nosotros mismos. Eso nos lleva al principio del problema.

Dios nos ofrece ayuda por medio de la Biblia. Y El trabaja también por medio de otras personas. En las páginas siguientes veremos cómo los hombres violentos y sus víctimas pueden obtener ayuda.

LAS FORMAS²
DE VIOLENCIA DOMÉSTICA

Lonni Collins Pratt escribe el siguiente relato conmovedor sobre su experiencia con la violencia en el hogar:

¿Qué hacía yo en una iglesia otra vez? Después de todo, Dios y yo ya no nos hablábamos.

Ocho meses atrás me acurruqué en la cubierta del bote de un amigo y le dije a Dios que se fuera. Fue unas semanas después de saber que tenía leucemia, y que mi esposo había iniciado los trámites de divorcio.

El divorcio no me sorprendió. Mi esposo había pedido que no me dieran ningún tratamiento para mi enfermedad; decía que la gente hablaría si la esposa del pastor recurría a los doctores en vez de acudir a Dios.

"¡Deberías confiar en Dios y orar!", gritaba mientras apretaba cada vez más mi garganta. Yo sabía que me dejaría marcas.

Mientras me lanzaba contra la pared del dormitorio, siguió gritando: "Si fueras una esposa obediente, Dios te sanaría". Un dolor agudo pasó por mi cuello hasta los hombros. Lo empujé para tratar de alejarlo.

El asió el cuello de mi blusa con ambas manos. Cerré los ojos y me preparé para lo que venía mientras él me arrojaba contra la pared otra vez.

"Dios te está castigando, ¡y sería pecado que alguien interfiriera!", gritó tomándome del cabello para levantarme del suelo. Lo miré, esperando que empezara a golpearme, y agradecida porque nuestros hijos ya estaban acostados.

Entonces bajó las manos. Se dio cuenta de que yo no estaba llorando. Durante 14 años me había doblegado ante su maltrato, suplicándole siempre que no me hiciera daño. Temía que la violencia fuera peor, que lanzara muebles por el cuarto, que me arrojara té caliente a la cara, que me dejara los ojos amoratados, o algo peor.

Pero, al escucharlo decir que Dios me estaba castigando, una voz interior comenzó a susurrarme: "El dejará que mueras. Dejará que mueras porque te odia".[1]

La violencia doméstica existe en todo el mundo. Los expertos en problemas sociales afirman que el problema está alcanzado proporciones epidémicas. Un reconocido sicólogo familiar dijo que la violencia en el hogar era el principal problema de la década de 1990. El general C. Everett Coop, ex cirujano general de los Estados Unidos, lo considera el "problema de salud número uno en esta nación".[2] La familia y el hogar quizá sean más violentos que cualquier otra institución o ambiente en los Estados Unidos, con excepción de las instituciones militares en tiempo de guerra.[3] Ningún segmento de la sociedad está exento de la violencia doméstica. No conoce fronteras religiosas, étnicas ni sociales.

Consideremos las siguientes estadísticas:

- El maltrato en el hogar es el crimen que menos se denuncia en los Estados Unidos; sólo el 10 por ciento de los casos se reportan.[4]
- Según el informe que dio la senadora Bárbara Boxer el 2 de septiembre de 1993, en 9 de cada 10 casos de violencia familiar, los acusados nunca son procesados; y un tercio de los casos —que se considerarían como crímenes graves si los hubiera cometido una persona desconocida— son procesados como delitos leves.
- La violencia doméstica es la principal causa de lesiones a mujeres de 15 a 44 años de edad, más común que el total de accidentes automovilísticos, robos, violaciones sexuales y muerte por cáncer.[5]
- Cada nueve segundos una mujer es golpeada.[6]
- En 24 al 30 por ciento de los hogares, la violencia ocurre en forma regular, continua.[7]
- Aproximadamente el 95 por ciento de las víctimas de violencia doméstica son mujeres.[8]
- La violencia ocurrirá por lo menos una vez en el 50 por ciento de los matrimonios.[9]

- En un 30 por ciento de los casos de violencia en el hogar se usan armas (P. Claus y M. Ranel, *Special Report: Family Violence* [Informe especial: violencia familiar], Estadísticas del Departamento de Justicia, sin fecha).[10]
- Según el informe de 1987 de la Organización Nacional de las Mujeres, cada día un promedio de 10 mujeres son asesinadas por los que las maltrataban.
- Según Bárbara Hart (*Esquire*, octubre de 1988), las mujeres que se separan de quienes las maltratan corren un riesgo 75 por ciento mayor de ser asesinadas que las que permanecen con ellos.
- Hasta un 50 por ciento de las mujeres y los niños que no tienen casa y viven en las calles de los Estados Unidos están huyendo de la violencia doméstica.[11]
- El que usa violencia en una relación lo hace para tener control sobre la víctima.[12]
- Entre los hijos que son testigos de violencia contra su madre, 40 por ciento sufre de ansiedad, 48 por ciento sufre de depresión, 53 por ciento se rebela contra los padres, y 60 por ciento se rebela contra los hermanos.[13]
- Los cálculos actuales respecto a la violencia familiar en los Estados Unidos indican que tres de cada cinco niños de cada salón de clase quizá sean testigos de violencia en sus hogares.[14]
- Si los niños varones son testigos de violencia doméstica de adulto contra adulto, la probabilidad de que al ser adultos maltraten a su pareja es 700 veces mayor. Si los niños también han sido maltratados físicamente, la probabilidad es 1,000 veces mayor.[15]
- En un estudio realizado en Nueva York entre 50 mujeres maltratadas, 75 por ciento de ellas dijeron que mientras estaban en el trabajo habían sido acosadas por los que las maltrataban; el 50 por ciento había perdido un promedio de tres días de trabajo al mes; y el 44 por ciento había perdido por lo menos un empleo por causas directamente relacionadas con el maltrato.[16]
- Los costos médicos por violencia doméstica suman por lo menos de 3,000 a 5,000 millones de dólares al año. Por lo menos otros 100 millones pueden añadirse al costo para las empresas por salarios perdidos, permisos por enfermedad, falta de productividad y absentismo (Porter, 1984).[17]

● Cada año la violencia doméstica resulta en 100 mil días de hospitalización, 301 mil visitas a las salas de emergencia, y casi 40 mil consultas al doctor.[18]

La violencia doméstica puede abarcar desde una mirada hasta un disparo.

Las estadísticas anteriores representan sólo el maltrato físico, pero la violencia en el hogar se expresa de muchas otras formas. De hecho, la violencia doméstica puede abarcar desde una mirada hasta un disparo.

DEFINAMOS EL MALTRATO

Toda relación tiene altibajos y ningún matrimonio está libre de conflictos. Pero, ¿cómo saber si el conflicto "normal" se ha convertido en disfunción? La clave es comprender los parámetros de las relaciones saludables y reconocer cuál es la conducta apropiada.

Cuando una pareja no se lleva bien y experimenta conflictos que requieren solución, ambos deben reconocer que la relación es más valiosa que el conflicto que enfrentan. Una herramienta primordial para resolver conflictos es determinar cuál es el problema y atacarlo juntos, en vez de atacarse el uno al otro.

Muchas relaciones que no son saludables carecen de este componente esencial. La pareja recurre más bien al poder y al control, que se manifiestan en diferentes formas y a veces son sutiles y difíciles de reconocer. Una característica típica de la persona violenta es que procura controlar usando uno o varios de los siguientes medios.

El maltrato físico

Por medio de los periódicos y la televisión nos enteramos de numerosos casos de maltrato físico, y por lo general creemos saber en qué consiste. Sin embargo, el maltrato físico se manifiesta en muchas formas, incluyendo golpear, morder, estrangular, asir con fuerza, pegar, patear, pellizcar, jalar el cabello, empujar, impedir el movimiento, arañar, sacudir, abofetear, hacer cosquillas excesivas, torcer los brazos, usar armas, azotar y sofocar.

Algunos hombres no se dan cuenta de la intensidad del dolor que infligen porque no miden su fuerza. ¿Ha visto alguna vez a una mujer con magulladuras en el interior de los brazos? Es común que el hombre violento sujete a su pareja asiéndola fuertemente de los brazos para captar su atención,

y mientras su organismo produce más adrenalina, la sacude y le grita: "¡Escúchame!"

La mujer tal vez ni se dé cuenta de las magulladuras. Si se interrogara al hombre, diría: "Yo no la maltrato físicamente". Un esposo dijo: "La abofeteé para que me prestara atención. Se lo merecía.

> *Una herramienta primordial para resolver conflictos es determinar cuál es el problema y atacarlo juntos, en vez de atacarse el uno al otro.*

Si yo la golpeara, ella lo sabría". Este hombre definía "golpear" como pegar con el puño cerrado. "Yo sólo le di una bofetada; no fue maltrato", dijo.

Si se le presionara, este hombre declararía que perdió el control y que no se dio cuenta de lo que hacía. Quizá diga: "Ella se lo merecía". Sin embargo, es muy probable que le haya causado magulladuras en áreas que no son visibles. Podría estar enfurecido, gritando y golpeándola, pero si alguien llamara por teléfono, contestaría totalmente calmado, tranquilo y sereno: "Aló. ¿Cómo está? Ah, estoy muy bien, gracias". El hombre violento controla su personalidad de manera tal que puede ir de un extremo al otro en segundos. Cada vez que siente que ha perdido el control de la mujer o de la situación, recurre a alguna forma de violencia física para recuperarlo. Es un esfuerzo consciente.

El poder

El poder se manifiesta de muchas maneras y puede ser una herramienta para el maltrato. En casos extremos, el esposo se niega a satisfacer las necesidades más básicas de su esposa, tales como alimento o descanso. Tal vez le impida también tener vida privada.

En esta situación de abuso, el hombre determina cuáles son los deberes de la mujer. Ella sabe cuándo y qué espera él que cocine, cuándo debe lavar la ropa, y cuándo debe lavar el carro. El regula la vida de ella. Quizá controle hasta la cantidad de agua que debe usar para bañarse. Piensa que tiene el derecho de enseñarle una lección, al grado de ejercer

FIGURA 1

FORMAS DE MALTRATO

No tiene que haber magulladuras para que sea maltrato.

Usar otra forma de maltrato no equivale a cesar el maltrato.

Maltrato físico: todo contacto que no se hace con amor, respeto y dignidad.

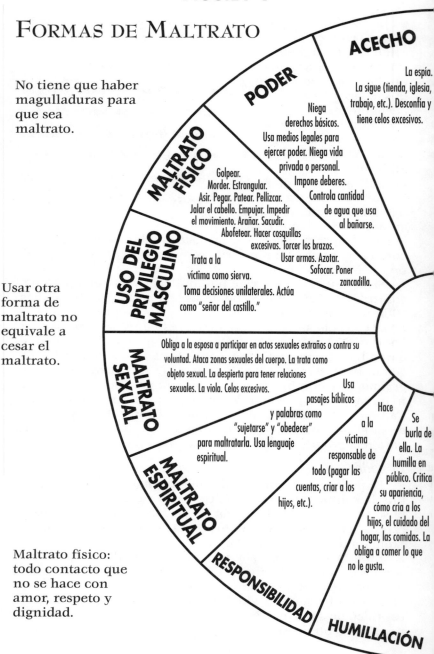

ACECHO

La espía. La sigue (tienda, iglesia, trabajo, etc.). Desconfía y tiene celos excesivos.

PODER

Niega derechos básicos. Usa medios legales para ejercer poder. Niega vida privada o personal. Impone deberes. Controla cantidad de agua que usa al bañarse.

MALTRATO FÍSICO

Golpear. Morder. Estrangular. Asir. Pegar. Patear. Pellizcar. Jalar el cabello. Empujar. Impedir el movimiento. Arañar. Sacudir. Abofetear. Hacer cosquillas excesivas. Torcer los brazos. Usar armas. Azotar. Sofocar. Poner zancadilla.

USO DEL PRIVILEGIO MASCULINO

Trata a la víctima como sierva. Toma decisiones unilaterales. Actúa como "señor del castillo."

MALTRATO SEXUAL

Obliga a la esposa a participar en actos sexuales extraños o contra su voluntad. Ataca zonas sexuales del cuerpo. La trata como objeto sexual. La despierta para tener relaciones sexuales. La viola. Celos excesivos.

MALTRATO ESPIRITUAL

Usa pasajes bíblicos y palabras como "sujetarse" y "obedecer" para maltratarla. Usa lenguaje espiritual.

RESPONSABILIDAD

Hace a la víctima responsable de todo (pagar las cuentas, criar a los hijos, etc.).

HUMILLACIÓN

Se burla de ella. La humilla en público. Critica su apariencia, cómo cría a los hijos, el cuidado del hogar, las comidas. La obliga a comer lo que no le gusta.

La violencia doméstica incluye desde miradas hasta un disparo.

MALTRATO EMOCIONAL

ritica. Insulta. Tortura. oerción mental. Conducta extrema de control. fecto condicional. Pérdida de dentidad.

AMENAZAS

Amenaza con romper la relación; con hacerle daño emocional o físico; amenaza que la matará, que se llevará a los hijos; que se suicidará; que la denunciará. La obliga a violar la ley.

PRESIÓN FINANCIERA

Le impone restricciones en cuanto al trabajo. La obliga a pedir dinero. Le quita el sueldo y le da pequeña suma. Demanda que rinda cuentas de cada centavo que gasta en víveres.

INTIMIDACIÓN

La atemoriza con miradas, acciones, gestos, gritos o malas palabras. Pelea continuamente. La obliga a decir lo que él quiere oír.

VIOLENCIA CONTRA LA PROPIEDAD

Hace hoyos a golpes en las paredes, aplasta y destruye objetos. Rompe puertas, golpea mesas, maltrata a mascotas, etc.

SILENCIO

Usa silencio como arma. No puede o no desea dialogar. No sabe expresar emociones.

USO DE LOS HIJOS

Jsa a hijos para enviar mensajes. Usa derecho a visitas como acoso. Usa el sostenimiento de los hijos para chantajear.

AISLAMIENTO

Controla qué hace ella, con quiénes se reúne o habla. Limita conversaciones por teléfono o las escuchar. Daña el auto. Limita intereses fuera del hogar. Mudanzas frecuentes. La obliga a quedarse en casa. Limita acceso a correspondencia. La priva de amistades.

Todo maltrato hace daño. Todo maltrato requiere tiempo para sanar.

Maltrato emocional: toda comunicación, amonestación, orden o resolución de conflicto que no inspira, edifica o desarrolla la relación.

Adaptado de *"Power and Control Wheel".* Proyecto Duluth sobre Intervención en la Violencia Doméstica, Duluth, MN, 1985.

su poder diciendo algo como: "Se estaba comportando como una chiquilla, así que tuve que castigarla".

El *acecho*

Acechar es semejante a espiar. El acechador quizá siga a su víctima a diversas actividades, o mientras ella realiza sus tareas diarias. No confía en ella y es irrazonablemente celoso. Piensa: "Si yo no puedo tenerla, nadie la tendrá". La gente cree que el acecho ocurre sólo en parejas que se han separado o divorciado, pero se ve también en el matrimonio. Sucede en muchas parejas, aun en parejas cristianas en las que el esposo es inseguro. En muchos casos la esposa ni se imagina que la están acechando.

El *maltrato emocional*

El maltrato emocional sucede cuando el hombre critica a la mujer y hace que tenga un pobre concepto de sí misma. La insulta. Quizá procure hacerle creer que está loca. Trata de confundirla. Sus estrategias finalmente controlan la vida de ella, tal vez al extremo de que no puede tener amistades.

Al principio el control pudiera parecer interés genuino. Si la mujer proviene de una familia en la que sus necesidades emocionales no eran satisfechas, podría resultar vulnerable. Un hombre llega a su vida y muestra interés en ella. Tal vez haga uno de los pagos por su automóvil o le compre un mueble. Varias veces al día la llama a su trabajo, y ella siente que por primera vez hay alguien que realmente la quiere. No reconoce los síntomas de un hombre controlador, inmaduro y con el potencial de maltratarla. Debido a la indiferencia de su familia, ella interpreta toda esa atención como amor. Piensa que es una relación especial. La ve como bendición. Es maravilloso tener a alguien que se preocupa por las cuentas que ella tiene que pagar, por el lugar donde vive, por proveerle un mueble, y que se interesa en ella como para enviarle flores o darle 50 dólares.

Después se casan, y ella no puede tener ni siquiera tres dólares para comprarse artículos de uso personal. Todo es parte del juego. Desde el momento en que está seguro de tenerla (es decir, desde que se casan o empiezan a vivir juntos o tienen relaciones sexuales), él es su "dueño". La conducta de él cambia. Lo que la llevó a esa relación parecía amor e interés, pero llega a ser una maldición de la cual no puede escapar. El la trata como rehén, brindándole afecto sólo bajo ciertas condiciones. No suple para sus necesidades físicas, como alimento y descanso, ni permite que desarrolle su identidad y autonomía. Exige que ella satisfaga todas las necesidades y los caprichos de él.

Las amenazas

A veces el medio que el hombre usa para controlar a su pareja es amenazarla con poner fin a su relación. Le dice: "Tienes suerte de estar conmigo. Ya verás que la vida sin mí es dura". Ella percibe estas palabras como amenaza porque la ha forzado a depender totalmente de él. Esta dinámica se conoce como "incapacidad aprendida".

Si esta técnica no resulta, el hombre intensifica sus esfuerzos. Declara que hará algo para hacerla sufrir emocional o físicamente. Amenaza con matarla o llevarse a los hijos. Quizá incluso amenace con el suicidio. La mujer que se encuentra en ese estado de incapacidad aprendida cree que no tiene escapatoria. El amenaza con denunciarla a la policía o privarla del sostenimiento financiero. Podría forzarla o engañarla para que viole la ley, haciendo que escriba un cheque sin fondos, que use una tarjeta de crédito que no le pertenece, o que robe. Después usa ese acto para chantajearla, diciéndole: "Llamaré a la policía y diré lo que hiciste". Por supuesto, ella se siente atrapada.

Otra forma de amenaza puede resultar de problemas morales. "Si realmente me quieres", dice él, "acuéstate con mi amigo". Quizá la golpee hasta que ella cede, y luego lleva a una tercera persona a la habitación. Después no permite que olvide ese hecho y la amenaza diciendo que si alguna vez trata de dejarlo, habrá un testigo de que ella fue inmoral. Si añade otros argumentos ella temerá que, en tal situación, el departamento de Servicios Sociales le quite a sus hijos y los deje bajo la custodia de él.

La mujer que, forzada por el esposo, quebrantó la ley o tuvo relaciones sexuales con otra persona, vive en constante temor porque cayó en una trampa. Se pregunta si su esposo la delatará, y cuándo lo hará. Está esclavizada al poder y al control que ejerce él sobre ella, y piensa que no puede o no debe huir. En las familias donde existe extrema violencia, esta situación es muy común.

La presión financiera

El hombre que usa la presión financiera impide que su esposa consiga empleo o que permanezca en él. La obliga a pedir o suplicar si necesita dinero. Se apodera de lo que ella pudiera estar ganando y le da una pequeña suma, obligándola a rendir cuenta de cada centavo que gasta.

Por ejemplo, el hombre que aplica la presión financiera quizá le entregue a su esposa una suma mínima de dinero, ordenándole que compre víveres para toda la semana para una familia de cuatro personas. Además le advierte: "Tráeme el cambio y los recibos". Con sumo cuidado ella calcula todas las compras. Cuando tiene que pagar, espera temerosa que el cajero le diga el total. Es $1.45 más de lo que su esposo le dio, y el pánico la domina al darse cuenta de que olvidó añadir el impuesto correspondiente. Mientras una fila de personas esperan detrás de ella, se siente avergonzada y enojada por su descuido. En ese instante tiene que decidir qué puede dejar. "Creo que no necesito esto ahora", le dice al cajero, cuya expresión revela su fastidio. Ella se siente humillada y siente la mirada de todos clavada en ella. De pronto alguien al final de la fila exclama: "Siempre escojo la peor fila. Miren cuánto se tarda esa mujer". Ella se siente aún más humillada. Con frecuencia sacrifica sus necesidades por las necesidades y los caprichos de su familia. Piensa que no puede hacer nada para cambiar la situación porque no tiene dinero para huir.

La intimidación

Cuando el hombre intimida a su esposa al grado que llega a ser abuso, la atemoriza con sus miradas, acciones, gestos, gritos, malas palabras y peleas constantes. La mujer aprende que debe decirle lo que él espera oír. Pronto sabe qué es exactamente lo que él quiere escuchar, y así puede aplacarlo y condescender a sus deseos. El hombre quiere que la esposa lo escuche atentamente. Demanda que le informe todo lo que hace. Recordemos que la violencia doméstica puede incluir desde miradas hasta un disparo.

Si algo provoca la ira del que maltrata intimidando, él grita, maldice y manifiesta su furia. Quizá la esposa le diga: "Cálmate, no hables tan fuerte". Ella trata de mantener la paz porque se avergüenza de lo que está sucediendo. El se comporta en forma inmadura, como un niño de cuatro años con rabieta. Nunca ha aprendido a resolver conflictos, y no le importa perturbar al mundo entero con tal de conseguir lo que quiere, cualquiera que sea el costo.

La violencia contra la propiedad

Esta conducta incluye actos tales como hacer hoyos en las paredes a golpes, aplastar objetos, y todo tipo de destrucción de la propiedad. Lo sorprendente es que el hombre violento que reacciona de este modo, normalmente tiene control sobre su ira. Por ejemplo, arroja las pertenencias de su esposa, no las de él. No tira por la ventana su juego de herramientas, sino la loza que ella compró, sus adornos u otras cosas que son valiosas para ella.

Echar abajo puertas, golpear mesas y maltratar a las mascotas son también formas de violencia contra la propiedad. Este hombre podría aun matar a la mascota de la familia para demostrar el grado de poder que cree tener. El mensaje subconsciente que trata de comunicar a sus hijos es que papá tiene poder sobre la vida y la muerte. Por tanto, la familia se pregunta si serán las próximas víctimas y cuándo. (Si esto está ocurriendo, la separación es necesaria y se debe llevar a la familia a un lugar seguro. En las situaciones de violencia doméstica, la meta primordial es proteger a la esposa y a los hijos. En el caso del hombre, la meta primordial es controlar su conducta).

El arma del silencio

Algunos hombres aprenden a usar el silencio como arma. El hombre que hace esto no puede comunicarse o no quiere hacerlo, y en muchos casos no posee la habilidad ni los mecanismos para expresar sus emociones. Por lo común paga las cuentas, asiste a la iglesia, y los demás lo consideran como un cristiano firme. Su conducta en el trabajo y con los amigos es estable. No parece tener mal carácter ni ser violento. Nunca insulta, golpea o amenaza a su esposa. Ella no vive dominada por el temor.

Sin embargo, a veces se siente deprimida y se pregunta: "¿Qué me pasa? Tengo un buen esposo y vivimos bien. ¿Por qué estoy tan deprimida? Mi esposo me trata bien. Paga las cuentas. Es estable y firme. Es cristiano. Nunca me hace nada malo. ¿Por qué siento este vacío?" Sus amistades le dicen que es afortunada de tener un esposo tan bueno, pero ella todavía siente que le falta algo.

Por naturaleza, cuando en el mundo del hombre algo no resulta bien, éste se dirige a lo externo para culpar a una persona, un objeto o alguna circunstancia. La mujer, por el contrario, siendo más sensible, busca las respuestas en ella misma. Se cuestiona: "¿En qué estoy fallando? ¿Por qué no me presta atención?" Ella sabe que algo le hace falta, pero si no ha recibido consejería ni ha dialogado de estos temas, no reconoce cuál es el problema. No está consciente de que la están privando del vínculo emocional.

El hombre no se interesa ni participa en la vida de su esposa. Ella piensa que la falta de interés indica que no es digna de su atención, pero no puede expresarlo. Quizá se pregunte otra vez: "¿En qué estoy fallando?" Al buscar la respuesta, critica su cuerpo. Se mira y dice: "¿Está mi abdomen muy flácido? ¿Están gordas mis piernas? ¿Tengo celulitis? ¿Será que le desagradan mis estrías por los embarazos, o mis várices? ¿Son feas mis rodillas? ¿Será mi cabello? ¿O mi busto? ¿Es muy grande mi nariz? ¿Debería hacerme cirugía plástica?"

Después de criticar su cuerpo, analiza su sexualidad. "Quizá no respondo como debería. Seguramente no le gusta cómo hago el amor. No lo satisfago". Después piensa en posibles causas externas. "¿Será la casa? ¿Acaso no la mantengo ordenada? ¿No le gusta lo que cocino? ¿Di a luz hijos feos? Tal vez no le di la clase de hijos que él quería".

Después de vivir por un tiempo con estas dudas acerca de sí misma, concluye que tiene todos esos defectos. No lo hace conscientemente, pero supone que son reales todos los problemas que ha imaginado. La falta de respuesta por parte de su esposo y la ausencia del vínculo emocional le demuestran que ella es la causa del problema.

He preguntado a los hombres: "¿Cómo se relacionan emocionalmente con su esposa?" No me pueden responder. No existe una clase llamada "Curso básico de intimidad" para enseñar a los hombres cómo deben formar el vínculo emocional.

Si un hombre tiene el problema del silencio y la pareja busca la ayuda del pastor o de un consejero, generalmente la esposa dirá: "Nos amamos, hay un compromiso mutuo entre nosotros, pero algo hace falta".

Es común que el esposo comente: "Todo está bien. Quizá ella esté sufriendo de depresión".

El pastor pregunta: "¿Ha habido maltrato físico en la relación?"

Ella responde: "No. El nunca se ha comportado en forma impropia conmigo".

"¿Hay maltrato emocional?"

"No, nunca". El pastor revisa la lista de actitudes de poder y control, pero ninguna parece ser el problema. Luego los refiere a un sicólogo, pero éste tampoco les da la respuesta. El sicólogo sugiere que la esposa regrese para continuar la consejería. Una vez más ella piensa que está loca, que tiene la culpa de todo y que es la causa del problema.

Reuní a un grupo de hombres para tratar del vínculo emocional. Les pregunté: "¿Cómo le hacen el amor a su esposa?" Sus respuestas siempre trataban de las relaciones sexuales.

"¿Cómo le hacen el amor *emocionalmente* a su esposa?"

"Pago las cuentas y le compro lo que ella necesita".

No tenían idea de lo que significaba invertir emociones en su pareja. Cuando el hombre empieza a comprender las necesidades emocionales de la mujer, inicia el proceso para aprender a mirarla a los ojos, escucharla y valorar sus sentimientos. Ella tiene entonces la atención de él por completo.

El siguiente paso es enseñarle al hombre a reconocer sus propios sentimientos. Nada une más a una pareja que la capacidad del hombre de expresar sus sentimientos y reconocer sus debilidades. Cuando él confía en su esposa como para compartirle sus sentimientos, sueños y metas, ella sabe que se está desarrollando el factor de franqueza entre ellos. Se siente digna porque él ha invertido tiempo en su relación, para escucharla y para desarrollar un contacto no sexual.

Una razón por la que las mujeres evitan acercarse a sus esposos para pedir un abrazo es que se interpreta como señal para tener relaciones sexuales. Cuando el hombre aprende que el abrazo puede ser sencillamente muestra de cariño, y que su esposa tiene derecho a pedir un abrazo sin ser atacada, entonces la pareja ha alcanzado un nuevo nivel de vínculo emocional. Cuando la mujer sabe que él la ama por lo que es, sin gratificación física, ella se siente unida a él. El hombre, pues, puede aprender que la mayor intimidad en una relación es que se dé a conocer. La relación llega a ser segura, sin temor al rechazo.

El aislamiento

El maltrato mediante aislamiento ocurre cuando el esposo controla lo que su esposa hace, con quiénes se reúne, con quiénes habla y a dónde va. Es probable que le limite las conversaciones telefónicas, y si le permite hablar, escucha la conversación. También trata de mantenerla alejada de su familia. Insiste en que siempre debe saber dónde está ella, y que esté accesible en todo momento en caso de que necesite hablarle. Quizá le exija aun que use un localizador electrónico.

> *Nada une más a una pareja que la capacidad del hombre de expresar sus sentimientos y reconocer sus debilidades.*

Por lo general, el hombre violento no permite que la mujer cultive intereses fuera de la casa, y lo refuerza trasladando frecuentemente a la familia de una casa a otra, y de una ciudad a otra. A veces la lleva lejos de su familia para que no tenga el sistema de apoyo. Para mantenerla aislada, la deja sin ningún medio de trasporte; si ella tiene automóvil, él lo sabotea. Muchas veces tampoco le permite que abra la correspondencia.

El uso de los hijos

El hombre violento hace que la esposa se sienta culpable respecto a diferentes aspectos de la crianza de los hijos, en especial si los usa para infligirle algún tipo de maltrato a la madre. Podría usarlos para darle mensajes indirectos. Si la pareja ya no está casada, él podría usar las visitas a los hijos (o la falta de tales visitas) como una forma de acoso. O, tal vez utilice el sostenimiento económico de los hijos para chantajear. Aunque la pareja se haya divorciado y ambos hayan contraído segundas nupcias con otras personas, si hay hijos y dinero en juego, el maltrato nunca cesa.

Hay ocasiones en que el ex esposo se lleva a los hijos durante el fin de semana, y cuando los deja nuevamente con la mamá el domingo por la noche, ellos están incontrolables. Le toma casi toda la semana lograr que vuelvan a la normalidad, pero el viernes por la noche el ciclo empieza otra vez. Nunca hay un momento de paz, porque un cónyuge usa a los hijos para controlar la vida del otro.

La humillación

El maltrato por medio de la humillación incluye hacerle bromas desagradables a la esposa, avergonzarla delante de otras personas, criticarla y tocarla en forma inapropiada cuando están en público.

Al tocarla de esa manera, el esposo está dando a saber al mundo que ella le pertenece. "Es mi posesión. Soy su dueño. Ella es parte de mi inventario".

Sin duda él no toma en cuenta la apariencia de su esposa, el trabajo que realiza para criar a los hijos, el cuidado de la casa, las comidas que prepara, y su autovalía. Es probable que la obligue a usar el tipo de ropa que a él le agrada. En estos casos, el hombre se siente inseguro y quiere probar que ella le pertenece. Tal vez considera a su esposa como un trofeo; por tanto, quiere que ella use ropa llamativa, aunque la degrade y la humille. Lo irónico es que después de criticarla y degradarla, él querrá tener relaciones sexuales con ella.

La responsabilidad

En algunos casos de maltrato, el hombre violento hace que la esposa se sienta responsable por todo lo que ocurre en la vida de él, incluyendo las deudas y aun los hijos. A veces amenaza con suicidarse, haciendo que ella se sienta responsable por la vida de él. Puede forzarla aun a asumir el papel de madre, cuidándolo y protegiéndolo. En esta situación, el esposo insiste en que ella tome las decisiones importantes, pero después la castiga por lo que decidió, aunque haya sido correcto.

El maltrato espiritual

El hombre que maltrata espiritualmente a su esposa se caracteriza por usar palabras como "sujetarse", "obedecer" y otros términos espirituales, así como pasajes bíblicos tomados fuera de su contexto. Es probable que valore el sistema patriarcal y diga, por ejemplo: "Dios me da el derecho de hacer esto. Soy la cabeza de la familia. Tengo todos los derechos del mundo y tú no tienes ninguno".

Conocí una vez a un hombre que era tan violento, y poseía una "espiritualidad" tan dañina, que literalmente golpeaba con la Biblia a su esposa. Esta se fue de la casa y consiguió una orden del juez para prohibir que el esposo se le acercara. Pero, él entró a la fuerza al lugar donde estaba ella y, tomando una Biblia familiar grande, la golpeó en la cabeza mientras decía: "El pastor dijo que esta familia permanecería unida si tú te sujetaras en todo como dice la Biblia". Después de dislocarle dos vértebras —por lo que tuvo que ser internada en el hospital—, le citó pasajes bíblicos. Eso es maltrato espiritual. El pastor, tal vez sin saberlo, estaba autorizando al esposo para que maltratara espiritual y físicamente a la esposa. Muchas mujeres, después de sufrir este tipo de maltrato, llegan a pensar que Dios ama sólo a los hombres y que ellas no tienen ningún valor en el mundo. Judy, mi esposa, también experimentó luchas en su relación con Dios por el maltrato físico y espiritual que yo le infligía. A veces la golpeaba y, media hora después, me paraba tras el púlpito para predicar. Durante los momentos de más profunda necesidad, ella quiso recibir consejería en la iglesia a la que asistía, pero nunca le concedieron tiempo para hablar con el pastor o con el consejero cristiano. El pastor no quería tratar con ella por ser divorciada. El consejero cristiano no quería atenderla porque ella no tenía dinero. ¿Qué estamos haciendo como cuerpo de Cristo para ayudar a las mujeres que sufren?

El maltrato sexual

La mayoría de los hombres violentos quieren tener relaciones sexuales con su pareja después de haberla atacado. Tenemos un dicho: "La violencia doméstica no es preparación para el acto sexual". Alegando que ella debe demostrar su fidelidad y amor, él quizá la obligue a realizar extraños actos sexuales contra su voluntad. A veces ataca físicamente las zonas sexuales de su cuerpo o la trata como objeto sexual. En algunos casos, él se niega a tener relaciones sexuales, o más bien la despierta para satisfacer sus deseos. Si ella lo rechaza, quizá la amenace con buscar a alguien que satisfaga sus fantasías, tal vez la obligue a acceder o cometa violación marital. Es probable que el hombre violento sea también excesivamente celoso.

Al definir el maltrato mediante "amenazas", mencionamos el caso del hombre que obliga a la esposa a tener relaciones sexuales con otra persona. Esto le permite chantajearla, asegurándole que si no hace lo que él quiere, divulgará lo que ella hizo. Eso también se consideraría maltrato sexual.

Los hombres que infligen este tipo de abuso se enfurecen a tal grado que, con el puño, golpean a la esposa en las áreas más sensibles de su cuerpo. A menudo le presionan el pecho hasta que el dolor es insoportable, causándole a veces daños permanentes.

Sólo unas semanas antes que el manuscrito de este libro estuviera terminado, un hombre fue arrestado en Colorado por amarrar a su esposa y luego acercarle una antorcha de gas butano. En el caso de una mujer llamada Gloria, su esposo vertió ácido en los productos de higiene femenina que ella usaba. Estos la quemaron de tal manera que nunca más podrá tener relaciones sexuales. Es muy común que el hombre que maltrata sexualmente destruya el área genital de la esposa. El piensa: "Si yo no puedo tenerla, la destruiré de tal modo que nadie querrá tenerla, aunque ella tenga el valor de permitir que otro hombre la vea".

El privilegio masculino

El hombre que trata a "su mujer" como sierva, que toma todas las decisiones importantes y actúa como el señor del castillo, está cometiendo el tipo de maltrato conocido como privilegio masculino. ¿Hay en su casa un sillón exclusivo para el esposo, en el que él permanece la mayor parte del tiempo? ¿Quién usa el control remoto del televisor? Esas son cosas de hombres.

Uno de los directores de nuestro ministerio, un veterano de la policía que estuvo en servicio por 24 años, enseñó en un taller y habló del privilegio masculino. Uno de los policías volvió a la mañana siguiente y le dijo:

Tengo que contarle algo. En mi casa hay un sillón donde yo pasaba viendo la TV todo el tiempo. Anoche regresé y le dije a mi esposa que lo quemara, que le cambiara el tapiz, que lo regalara, que se sentara o saltara en él —que hiciera lo que quisiera— porque yo voy a cambiar. Pasaré más tiempo con mi familia.

Mi rutina consistía en llegar del trabajo a casa agotado, sentarme en el sillón, acomodarme, encender la TV, pedirle a mis hijos que me trajeran algo que tomar, y esperar que mi esposa me trajera la comida. Generalmente me quedaba dormido en el sillón, me despertaba después que todos se habían acostado, me levantaba para ir a la cama, y esto se repetía todas las noches. Anoche comí con mis hijos y mi esposa, y fue muy agradable. Estaba en la cocina. Le dije a mi esposa que podía hacer lo que quisiera con el sillón. Disfrutamos de un tiempo fabuloso. El único problema es que tengo dos perros pastores alemanes, y durante los últimos siete años cada uno se sentaba a un lado del sillón mientras yo estaba allí. Anoche no me senté en el sillón y los perros estaban descontrolados. Si a los perros les afectó de ese modo mi rutina, ¿qué ha estado sintiendo mi familia en esta área del privilegio masculino?

IDENTIFIQUEMOS 3
EL MALTRATO

¿Quiénes infligen el maltrato? Habrá notado que todos los ejemplos que usamos son de hombres que atacan a mujeres. La razón es que el 95 por ciento de los actos de violencia en el hogar son cometidos por hombres contra mujeres.[1] Aunque se encuentran en todos los niveles socioeconómicos y en todo tipo de ocupación, los hombres violentos y sus víctimas presentan características que se reconocen fácilmente.

CARACTERÍSTICAS COMUNES DEL HOMBRE VIOLENTO

- Tiene pobre autoestima.
- Cree en todos los mitos acerca de las relaciones violentas.
- Es tradicionalista y cree en la supremacía masculina y en el estereotipo del papel sexual del hombre en la familia. Cree que tiene el *derecho* de "enseñarle a ella una lección".
- Culpa a otros por lo que él hace.
- Es exageradamente celoso. Para sentirse seguro, tiene que controlar la vida de su esposa. Le exige que rinda cuenta de cada momento de su tiempo. A pesar de la constante vigilancia, sospecha de toda relación que ella tenga con otros hombres y mujeres. Con frecuencia la ataca verbalmente acusándola de supuestas infidelidades.
- Presenta doble personalidad.
- No resiste las presiones, y en esas ocasiones toma bebidas alcohólicas y/o golpea a su esposa.
- Si su virilidad disminuye, usa las relaciones sexuales como un acto de agresión para mejorar su autoestima.
- No cree que su conducta violenta tenga consecuencias negativas.

- Niega que tengan problemas como pareja y se enfurece si la esposa revela la verdadera situación.
- Es extremista en todo lo que hace, al maltratar (no puede controlarse y ataca violentamente) y al mostrar amor (inunda a su pareja con afecto, atención y regalos).
- Creció en un hogar violento. Vio al padre maltratando a su madre, y quizá lo maltrató también a él.
- Tuvo una extraña relación con su madre: una ambivalencia de amor y odio. Ella ejercía considerable control sobre él, pero a menudo éste se rebelaba y la maltrataba.
- Su personalidad es anormal. Por lo general sus antecedentes muestran que permanecía solo, o que su participación social era superficial.
- Realiza hazañas que otros no pueden lograr. A los hombres violentos les gusta impresionar a sus mujeres. En general, son sumamente sensibles a las diferencias en la conducta de otras personas. Pueden predecir las reacciones a otras personas más rápidamente que la mayoría. Bajo presión, su sensibilidad llega a ser paranoica.[2]

CARACTERÍSTICAS COMUNES DE LA MUJER QUE ES MALTRATADA

- Tiene pobre autoestima. Subestima su capacidad en todas las áreas. Duda de sus habilidades y resta importancia a sus logros. Duda constantemente de su eficacia como esposa. Las continuas críticas del hombre afectan su forma de pensar.
- Se culpa por la conducta del hombre que la maltrata y cree que él cambiaría si ella cambiara. En realidad, tiene poco o ningún control sobre la conducta de él.
- Cree en todos los mitos acerca de las relaciones violentas.
- Es tradicionalista respecto al hogar; cree firmemente en la unidad familiar y en el estereotipo establecido en cuanto al papel sexual de la mujer. Está dispuesta a renunciar a su carrera aunque sea importante para ella. Le da al hombre el derecho de decidir sobre el uso de los ingresos familiares.

- Asume la responsabilidad por los actos del hombre violento.
- Se siente culpable pero niega estar atemorizada o enojada. Quiere mantener la paz. Trata de controlar a las personas y las situaciones para evitar que el hombre violento se enoje. Asume la responsabilidad de crear un ambiente seguro para todos.
- Muestra una actitud pasiva ante los demás, pero tiene la fuerza necesaria para manipular las situaciones y así evitar mayor violencia y que la maten.
- Sufre de severas reacciones sicofísicas por las presiones. La mujer maltratada es muy trabajadora, pero vive bajo constante temor y tensión. Resiste dolores intensos cuando la atacan, pero se queja a menudo de problemas menores como fatiga, dolor de espalda, dolor de cabeza, inquietud, insomnio, depresión, ansiedad y desconfianza.
- Usa las relaciones sexuales como una forma de establecer la intimidad.
- Cree que nadie podrá ayudarla a resolver su problema, excepto ella misma. Quizá diga que es la primera vez que se enfrenta a un hombre violento. Muchas de estas mujeres describen a sus padres como tradicionalistas que las trataban como a muñecas frágiles, haciéndoles creer que no podían cuidarse solas y tenían que depender de un hombre.
- Puede ser demasiado crédula y confiar en todos.[3]

CARACTERÍSTICAS COMUNES DE LOS HIJOS DE HOGARES VIOLENTOS

- Los hijos que crecen en hogares violentos quizá no duerman lo suficiente (muchos ataques ocurren cuando ellos están acostados), y tal vez no reciban alimentación y atención adecuados. Esto podría retrasar su desarrollo físico, emocional, sicológico y cognitivo. Quizá se sientan indefensos al presenciar ataques contra la madre sin poder detenerlos o hacerlos más leves. Estos sentimientos de impotencia a menudo causan depresión.
- Los hijos de hogares violentos se encuentran en todos los niveles socioeconómicos, y en todos los grupos en cuanto a educación, raza y edad.

- Presentan una combinación de impaciencia, impulsividad, y resignación a sufrir como mártires.

- Experimentan depresión, tensiones y trastornos sicosomáticos (problemas físicos causados por perturbaciones mentales o emocionales), faltan a clases constantemente, y tienen síntomas ocultos de disfunción del carácter (aislamiento, pobre autoestima, hiperactividad y otros).

- Dependen de otros económica y emocionalmente. Es probable que caigan en alcoholismo, drogadicción, rebeldía en cuanto a la vida sexual; que huyan del hogar; que sufran de aislamiento, soledad y temor.

- Tienen un bajo concepto de sí mismos, luchando con el modelo de las reacciones inmaduras de sus padres.

- Tienen pobre autoestima.

- Experimentan una mezcla de esperanza y depresión —depresión de la cual no tienen cómo salir. Sus amigos, si los tienen, pueden ser su contacto más importante.

- Quizá muestren mayor aislamiento social entre sus compañeros.

- Tal vez se esfuercen por complacer a sus padres para evitar la violencia, tal como lo hace su madre en la relación con el esposo.[4]

Los hombres maltratan por muchas razones, pero *no* hay excusa para maltratar o controlar a aquellos que amamos. La violencia doméstica es un crimen. Sin embargo, hay esperanza y ayuda para los que sufren y para los que hacen sufrir a otros.

"Realmente subestimé la seriedad de la violencia que estaba ocurriendo en ese hogar", lamentó un pastor. He aquí el resto de la lección que le abrió los ojos a las realidades de la violencia doméstica:

Después de orar con la señora, le dije que volviera a su casa y que se esforzara para resolver la situación. Tal vez tenía la impresión de que ella estaba exagerando o que su esposo había tenido un día difícil. Quizá bajo esa apariencia de calma, esta mujer hacía algo para provocar la violencia del esposo. La próxima vez que tuve noticias de ella, estaba hospitalizada después de un grave altercado que había puesto en peligro su vida. El esposo la había golpeado y empujado por las escaleras desde el segundo piso. Ahora ella tenía magulladuras y varias costillas fracturadas; y había sufrido una seria conmoción cerebral y hemorragia interna.

Es en momentos como este cuando uno desearía entregar su certificado de ordenación. Una mujer gentil había acudido a mí en busca de consejo y protección. Probablemente había sido un acto de supremo valor en su vida, pero no representé a Cristo ante ella. Más bien, permití que mi ignorancia, mi incapacidad, mi prejuicio masculino, y mi negativa a creer que uno de mis feligreses podía actuar en forma tan violenta me impidieran intervenir y ofrecer sanidad. Cuando visité a esa mujer en el hospital me fue difícil mirarla frente a frente. Tenga por seguro que he empezado a aprender todo lo que sea posible respecto al maltrato contra las esposas en mi comunidad.[5]

De las mujeres que sufren violencia doméstica, se calcula que más del 60 por ciento que busca ayuda acude primero a un líder espiritual. Muchas veces éste las envía de regreso a la casa después de aconsejarles que se sujeten al esposo, sin saber lo que ocurre en el hogar donde existe violencia.

¿POR QUÉ MALTRATAN LOS HOMBRES?

Para comprender mejor las razones por las que los hombres maltratan, será útil considerar las expectativas que la sociedad les impone, cómo las comprenden ellos, y cómo se manifiestan a través de la conducta. Biológicamente, las características masculinas se reconocen con facilidad e incluyen barba, bigotes, cambio de la voz en la pubertad, y órganos genitales masculinos. Pero, la masculinidad que se expresa es una conducta aprendida que refleja las actitudes predominantes de la sociedad en que vive el hombre. Veamos cuatro categorías entre los mitos acerca de la masculinidad.

"No seas mariquita"

La palabra "mariquita" denota al hombre tímido, cobarde y afeminado. "No seas mariquita" implica que es inaceptable que el hombre tenga conducta o cualidades femeninas. Aun en estos tiempos modernos, a la mayoría de los niños se les enseña que deben alejarse de las niñas, de las muñecas y de otras actividades femeninas. Se les dirige más bien a jugar con "cosas de hombres", como pelotas de fútbol, pistolas y super héroes. Se les enseña que los hombres no lloran, que no deben expresar sus emociones sino reprimirlas. La sensibilidad es una cualidad indeseable en ellos. Para ser aceptados en la escuela y en el vecindario, los muchachos deben enmascarar su personalidad. Al hacerlo, se engañan a sí mismos y al mundo alrededor de ellos.

"Tienes que ser el más importante"

A los niños y a los jóvenes se les motiva a ser el jefe, el capitán, el director, el patrón. El que manda tiene el poder y toma las decisiones. Es el líder del grupo, y ese grupo puede ser la pandilla del vecindario, el equipo de fútbol, o su propia familia. El jefe es el que hace que todos trabajen; él controla todo. Si el hombre tiene un concepto errado de lo que es la masculinidad, tratará de encontrar un lugar donde pueda "mandar". Si no puede ser la persona más importante en el trabajo, hará todo lo posible por serlo en el hogar.

Nuestra sociedad, por supuesto, da ejemplo de este concepto. Este país trata de dar órdenes a los demás. A nivel empresarial, los hombres compiten para ocupar el puesto más importante. Aun en las películas del oeste, el pistolero más veloz algún día es vencido. Este afán de competencia fomenta el sentimiento de desconfianza e inseguridad, la tendencia a aislarse, y la obligación de ocultar los sentimientos por temor a que los consideren debilidades.

"Tienes que ser fuerte como un roble"

Un antiguo dicho declara: "Los poderosos robles de pequeñas bellotas crecen". El fuerte roble no se rinde ante las presiones y las tensiones, no cede a la fuerza de las tormentas, permanece firme en medio del dolor; por lo menos, eso es lo que vemos en el exterior. Los hombres que se dejan convencer por los mitos de la masculinidad manifiestan felicidad e ira, pero ignoran la gran área intermedia que separa estos dos extremos. A los atletas profesionales se les considera como los robles más fuertes de la sociedad. Pasan por alto el dolor como si no existiera; si los intimidan, ellos intimidan aún más; y llegan a ser héroes de la violencia. La masculinidad tradicional limita emociones como el temor, el dolor, el nerviosismo, la inseguridad, los celos y la tristeza, y los convierte en enojo, ira y violencia.

"Hazla sufrir"

Cuando el hombre ha pateado a su pareja en la cabeza varias veces, cuando la ha castigado con el trato del silencio por muchos días, o cuando la ha degradado con toda clase de insultos, ella aprende que, no importa cuánto le cueste, es importante que trate de mantenerlo feliz. El hombre que vive bajo el mito de la masculinidad, quiere ocupar su lugar en la jerarquía de la sociedad de acuerdo con la ley del más fuerte. Si el jefe lo está presionando, quizá busque un recurso legal, pero por ahora acepta su autoridad. Pero, cuando regresa a su casa, expresa el enojo y la frustración maltratando a su esposa. En su mente, se está vengando del jefe por hacerlo sufrir. Después se siente mejor, porque de una forma u otra ha logrado que otra persona sufra.

Los hombres que desean cambiar su conducta tienen que abandonar el modelo tradicional, en el que el enojo es el sentimiento principal. Para el hombre tradicional, el conflicto significa que debe negar sus sentimientos. Pero, cuando empieza a cambiar, comprende que hay muchas formas de resolver los conflictos. Aprende que los sentimientos son confusos pero que se pueden identificar. El hombre *nuevo* sabe que los conflictos se pueden resolver y que los sentimientos tienen nombres. Reconoce que el enojo es la reacción a un sentimiento que se puede resolver.

La acumulación de tensión

La violencia ocurre en ciclos. Primero hay una etapa cuando la tensión se acumula, y luego sigue la explosión. Al disminuir la adrenalina, el hombre se calma y vuelve a lo que se conoce como la "etapa de la luna de miel". El sabe que con la violencia ha quebrantado el pacto del matrimonio.

La mujer que es maltratada debe comprender que no necesita soportar otro ataque antes de huir. El tiempo oportuno para escapar es cuando empieza a acumularse la tensión, *antes* que ocurra el maltrato. Habiendo observado la conducta de su esposo, ella sabe que el enojo aumentará. En la Figura 2 se muestra la diferencia entre la capacidad del hombre y la de la mujer para percibir el enojo. No hablamos aquí de la ira de la mujer, sino cómo reacciona ella y qué es lo que ve. Tal vez haya un período cuando la pareja se lleve bien, como lo muestran las líneas paralelas del esquema. Luego algo enciende la chispa y ella ve cómo el enojo del hombre va en aumento. Muchas cosas están sucediendo internamente en el cuerpo de éste. Algunas señales que ella puede notar son:

a. El rostro enrojecido.

b. Ataques o insinuaciones verbales.

c. Cambios en el lenguaje corporal.

d. Tensión notoria.

El no está consciente de su ira hasta que reacciona externamente con ataques físicos, golpes en las paredes, gritos o malas palabras. Muchas veces ni siquiera considera esos actos como explosiones de ira; piensa que sólo es su modo de expresarse.

La mujer debe saber que la acumulación de la tensión sigue cierta dinámica que ella puede reconocer. Si ya ha sido maltratada, en su mente ha quedado un trauma. Ella inconscientemente percibirá el proceso en la conducta del hombre, en especial si ha vivido por algún tiempo con él.

Examinemos ese proceso. La pareja se lleva bien por un tiempo. Luego, quizá en el trabajo algo provoca el enojo de él. El proceso podría ser similar al del siguiente ejemplo:

Al escuchar que el esposo estaciona el auto, la mujer se inquieta. No sabe exactamente por qué, pero cuando él entra a la casa, la domina la ansiedad. Ella aún no reconoce el proceso, así que se pregunta: "¿Qué hice ahora?"

Tal vez la mujer no esté consciente de la forma en que él hace girar las llantas al estacionar el auto, pero su mente percibe esos detalles mínimos y se da cuenta cuando algo es diferente. Tal vez al estacionar las llantas no producen ningún sonido especial. Pero, el día en que algo provoca la ira del hombre, hace girar las llantas más rápidamente y produce un sonido agudo. Tal vez haga esto por tres o cuatro días seguidos. El ciclo ha empezado y la tensión se está acumulando.

Un día el esposo llega y la mujer escucha ese sonido particular de las llantas, pero esta vez él cierra con fuerza la puerta del auto. El subconsciente de ella conoce el sonido cuando se cierra la puerta normalmente, y esta vez fue diferente. Dos o tres días después, él estaciona el auto haciendo sonar las llantas del auto, frena en forma brusca y cierra la puerta con violencia. Tal vez la mujer no perciba esto conscientemente, pero su subconsciente lo ha reconocido, y su nerviosismo es más evidente.

Esto continúa por dos o tres semanas. Al llegar, quizá él arroje también las llaves del auto o su chaqueta. Luego, un

FIGURA 2

ESQUEMA DE LA PERCEPCIÓN DE LA VIOLENCIA

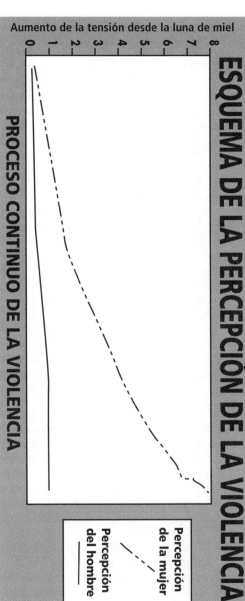

PROCESO CONTINUO DE LA VIOLENCIA

Aumento de la tensión desde la luna de miel

Percepción de la mujer

Percepción del hombre

MALTRATO EMOCIONAL	AMENAZAS DE VIOLENCIA	VIOLENCIA FÍSICA DIRECTA
Privar de afecto.	Lanzar, golpear, patear objetos.	Lanzarle objetos a la otra persona.
Relaciones sexuales como castigo.	Dañar la propiedad.	Empujar, impedir movimiento, asir con fuerza, luchar, abofetear, golpear, morder, arañar, etc.
Insultos, gritos, malas palabras; no puede resolver diferencias con calma.	Amenazar a los hijos o mascotas.	Lanzar a la otra persona a cierta distancia.
Amenazas no físicas: privar de dinero, quitarle los hijos.		Limitar su movimiento físico y los contactos sociales.
Despertar a esposa en medio de la noche.		Forzarla a tener relaciones sexuales.
		Estrangular, pegar, patear, quemar, golpear, azotar, amenazar con armas y aun usarlas.

día llega y, en vez de saludarla como acostumbra, pasa de largo.

Una semana después él está tan lacónico que ella le dice: "Querido, ¿tienes algún problema?"

El le grita: "¡Si tuviera algún problema, te lo diría!"

La mujer trata de restaurar la paz, pero todos sus intentos para mantener la comunicación son vistos por él como provocación. Luego empieza a culparla por todo, y ella sabe que ya no hay nada que pueda hacer. Su instinto le dice que será maltratada. Desde que empieza este proceso en la conducta del hombre hasta que ocurre el maltrato, la mujer procura ser super amable y atenta. Pero, se siente rechazada. Prepara las comidas favoritas del esposo. Le dice a los hijos: "Niños, recojan sus juguetes. Papi ya llegó". Los niños corren a su dormitorio. Ella hace todo lo posible por crear un ambiente de paz. Piensa que es su responsabilidad tratar de eludir el maltrato que ve casi como inminente.

En esta etapa, mientras se acumula la tensión, se puede ver que el proceso está en marcha, y es entonces cuando la víctima debe escapar. Necesita tener un plan para buscar refugio. No debe esperar hasta que se intensifique la ira para recién tratar de huir. Si percibe y reconoce el proceso cuando la tensión va en aumento, debe ir a un lugar seguro. Luego puede llamarlo desde allí y decirle: "No permitiré que me maltrates otra vez. Busca ayuda para cambiar tu conducta, o no volveré a la casa".

La explosión

Después de la etapa cuando se acumula la tensión, sigue la etapa del maltrato severo. Una vez que el enojo empieza a intensificarse, el avance hacia la explosión puede ocurrir rápidamente. Cuando el hombre expresa su furia, la mujer sabe que el proceso se ha desarrollado por varias semanas. Internamente ella vive en constante temor y ansiedad, sabiendo que la explosión ocurrirá y que no puede hacer nada para controlarla ni evadirla. Es imposible escapar del terror que él ha despertado con el maltrato previo.

Cuando él estalla, su ira llega rápidamente a un nivel máximo (véase Figura 3) y sigue lo que llamamos el "sistema de pensamiento infantil irracional", que dura por lo general de 8 a 10 minutos. *El pierde el contacto con la realidad, pero sabe lo que está haciendo.* Tiene control de sus emociones y de su personalidad cambiante. Cuando la ira del hombre llega a ese nivel máximo es cuando causa mayor daño. Durante esa etapa podría matar a la mujer. O, podría golpear- la y destrozar la casa. Mientras más tiempo estén juntos y vivan estos continuos episodios de maltrato, cada vez serán más breves los períodos de paz entre los incidentes de vio- lencia. Ella puede llamar a la policía. En los Estados Unidos, recién en los últimos tres o cuatro años es que la policía res- ponde al instante a las llamadas que denuncian casos de violencia doméstica. Si los policías entran a una casa cuan- do el hombre ha estallado en ira, éste podría matar a alguno de ellos porque, el hombre violento, al estar bajo el sistema de pensamiento infantil irracional, dice: "Ella es mía y uste- des no tienen ningún derecho de estar aquí". De acuerdo al distorsionado sistema de pensamiento patriarcal del hom- bre violento, el policía ha invadido su castillo.

El esposo de Juanita era un alto ejecutivo de una de las empresas más grandes de la ciudad. Ella informó a sus con- sejeros sobre el grado de maltrato y violencia que tenía que soportar en el hogar. Pero, ellos conocían al esposo —o por lo menos creían conocerlo— e hicieron comentarios como: "El nunca se comportaría así". En una ocasión, él volvió a la casa a las tres de la mañana después de haber cometido adulterio, sacó a Juanita de la cama y la golpeó. Ella escapó hacia el campo, pero después de haber corrido más de 500 metros, tropezó y cayó en un surco recién cavado. Apenas cayó, sintió que un pie aplastaba la parte poste- rior de su cabeza y hun- día su rostro en la tie- rra. Luego sintió el rifle de doble cañón, calibre 12, en su cabeza, justo detrás de la oreja, y oyó y sintió el golpe del ar- ma mientras él tiraba de ambos percutores.

> *Mientras más tiempo estén juntos y vivan estos conti- nuos episodios de maltrato, cada vez serán más breves los períodos de paz entre los incidentes de violencia.*

Esta es la típica per- sonalidad violenta del "Dr. Jekyll y el Sr. Hyde". Es un tipo de persona controladora e inmadura, carente de carácter. Es capaz de matar, de atacar y maltratar, de manipular, y de in- fligir todo tipo de violencia. El mundo, sin embargo, sólo ve la seudopersonalidad o personalidad falsa del hombre cor- dial. Las amistades de la mujer, y aun los colegas de su espo-

FIGURA 3

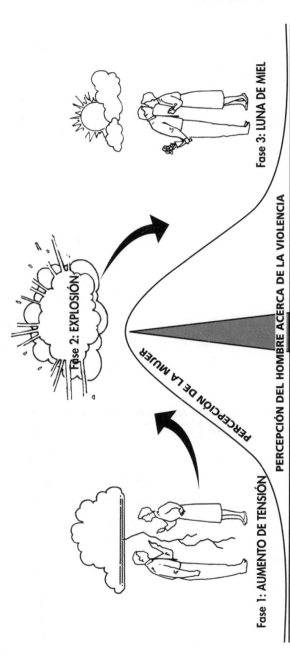

Fase 1: AUMENTO DE TENSIÓN

Fase 2: EXPLOSIÓN

Fase 3: LUNA DE MIEL

PERCEPCIÓN DE LA MUJER

PERCEPCIÓN DEL HOMBRE ACERCA DE LA VIOLENCIA

FASE 1: AUMENTO DE TENSIÓN

Amenazas, acoso verbal.
Maltrato físico menor.
Ambos tratan de controlar la
conducta.
Negar o minimizar incidentes.
Se acumula la tensión.

FASE 2: EXPLOSIÓN

Mayor destrucción.
Descarga de tensión sin
control.
Colapso emocional.
Policía podría intervenir.

FASE 3: LUNA DE MIEL

Calma y amabilidad.
Tarjetas y flores.
Disculpas.
Promesas.
Procura atraerla como la primera vez.
Esperanza.
Inicia el proceso de triunfo.
Instinto de marcar.
Poder, control y posesión.

Adaptado de L. E. Walker, *The Battered Woman* [La mujer maltra-
tada] (Nueva York: Harper and Row, 1979). Usado con permiso.

so, por lo general dudarán que él sea un hombre violento y hasta podrían pensar que ella está transtornada.

En el síndrome cambiante de Jekyll y Hyde, el hombre tiene control total de cada personalidad, y usa una o la otra para mantener el poder y el dominio sobre la situación o sobre su pareja. Ella vive en constante temor por lo irascible que es su esposo. Pero, cuando éste se calma después de la explosión de ira y la adrenalina se disipa, vuelve a ser el mismo de antes; va al cuarto de baño, se peina, se afeita rápidamente, quizá se cambie de ropa, y es posible que incluso reciba en la puerta a los policías que llegan a investigar por qué los llamaron. En ese caso, tal vez los salude y diga: "Por favor, pasen. Hemos tenido una noche difícil. Me alegra que hayan venido". Se muestra coherente y super cooperativo mientras los dirige hacia la cocina. Allí encuentran a la esposa, sentada en el suelo y apoyada contra un mueble. Su

> *En el síndrome de Jekyll y Hyde, el hombre tiene control total de cada personalidad, y usa una o la otra para mantener el poder y dominio sobre la situación o su pareja.*

pelo está revuelto, el maquillaje arruinado, la nariz sangrante, la blusa rasgada y varias costillas fracturadas. Con las rodillas flexionadas sobre el pecho, ella llora en esa cocina destrozada, donde las sillas están volcadas y se ve comida sobre las paredes. El está tranquilo, calmado y sereno, mientras que ella tiene la apariencia de un serio caso de locura.

Cuando el hombre violento maltrata a la mujer, la hace retroceder al nivel emocional y mental de una niña de tres a cinco años de edad, mientras que él está en el estado emocional y mental del niño abusivo de la escuela, de siete a nueve años de edad. Si el policía se acerca a la mujer y le dice: "Señora, ¿quiere decirnos qué pasó?", ella no puede pronunciar ni una palabra. "¿Quiere que la llevemos a un hogar de refugio?" Ella teme ir a esos refugios. Tiene miedo de hablar. Teme las consecuencias si deja a su esposo, debido al poder y control que ha experimentado en el transcurso de su relación.

La etapa de la luna de miel

Tan pronto como se van los policías —si éstos no arrestan al hombre violento—, o si la mujer no denunció el ataque, él inicia la etapa de la luna de miel. La Biblia dice que el esposo debe estar dispuesto a dar la vida por su esposa (Efesios 5:25). Debe amarla. Tiene que honrarla como a su propio cuerpo. Pero, cuando el hombre ataca a su esposa, ha quebrantado ese pacto. Ella lo sabe y él lo sabe. Por tanto, está consciente de que camina sobre terreno peligroso.

Lo primero que él quiere hacer es ir al dormitorio para reconciliarse. Pero, la violencia doméstica no sirve como preparación para el acto sexual. Cuando la mujer está sangrando, llorando, con las costillas fracturadas y el maquillaje arruinado, ¿a qué clase de hombre se le ocurre que ella puede estar dispuesta para la intimidad? No obstante, lo primero que quiere hacer el hombre violento es hacerle el amor, pero en realidad no es amor. Ni siquiera es un acto sexual. Es un acto de *posesión*, y eso es maltrato.

Si desobedecemos los principios divinos, el resultado es que actuamos como animales irracionales que responden a instintos (Judas 10). Cuando el hombre maltrata a su pareja, sabe que ha quebrantado el pacto y que lo primero que debe hacer es restaurarlo. Para él, el acto sexual significa pacto. Si ha quebrantado el pacto matrimonial por medio del maltrato, el instinto animal en la naturaleza caída del hombre desea marcar a la mujer, porque desde el momento en que la marca con el acto sexual, él es su dueño otra vez. En su mentalidad distorsionada, piensa que ha restaurado el pacto. Pero para la mujer, es el vacío más profundo que puede experimentar.

Ese acto no tiene nada que ver con el amor, ni siquiera con la sexualidad. Tampoco es relación, sino posesión. Una vez que él la recupera, el ciclo empieza otra vez.

Si ella le dice: "Nunca más me harás el amor a menos que busques ayuda y cese este ciclo", él empezará el proceso para atraerla. Quizá le compre flores o la invite a un restaurante; tal vez prometa que irá a la iglesia y buscará consejería; hablará de remodelar la casa y comprar muebles nuevos. Algunos hombres quieren mudarse a otra casa y empezar de nuevo. Pero, si no resolvemos los problemas centrales, todo se repetirá porque no podemos cambiar solos.

Cuando el hombre está en la etapa de la luna de miel, su esposa vislumbra por un tiempo al hombre bueno que conoció al principio y de quien se enamoró. El problema es que ese hombre bueno es falso. No es realmente la persona que hay en el interior. El hombre violento tiene el corazón enfermo. Su alma y carácter no se han desarrollado normalmente, y el lado negativo lo domina. Mientras él no rinda cuentas y asuma la responsabilidad por su conducta, y busque ayuda para desarrollar su carácter y corazón, el maltrato no cesará. Existe esperanza. Pero, sin la ayuda adecuada, no logra un cambio duradero. Continúa presentando excusas. No cumple sus promesas. El ciclo de violencia continúa. Ella ve remordimiento en él. Escucha sus promesas. De alguna manera vislumbra al hombre del cual se enamoró y, en esperanza contra esperanza, cree que esta vez cambiará.

> *Mientras él no rinda cuentas y asuma la responsabilidad por su conducta, y busque ayuda para desarrollar su carácter y su corazón, el maltrato no cesará.*

EL EFECTO
DE LAS
HERIDAS

Las heridas que experimentamos en la niñez nos afectan para toda la vida. Entre los sicólogos, este fenómeno recibe el nombre de *fijación*, e involucra el cese del desarrollo emocional en el momento en que ocurre el trauma. Este puede ser continuo (como el rechazo durante toda la niñez); una serie de dos o tres hechos que ocurren en poco tiempo (como la muerte del padre y de la madre en un breve período de tiempo); o un hecho devastador (como violación, asalto sexual u otro maltrato físico).

Hay cuatro categorías generales de traumas que detienen el desarrollo del niño: rechazo, abuso sexual (incesto o asalto sexual), maltrato emocional y maltrato físico. Cualquiera de estos traumas, o una combinación de ellos, interrumpen el desarrollo del niño y hacen que se paralice emocionalmente. El dolor es demasiado intenso para que alguien tan joven lo enfrente. El niño no posee la capacidad para ver cuál es la situación real que causa el trauma. Más bien, asume la responsabilidad por la conducta pervertida del adulto y piensa: "¿Qué hice para causar que él [o ella] me hiciera eso?"

A la iglesia de Corinto Pablo le escribió: "Cuando yo era niño, hablaba como niño, pensaba como niño, juzgaba como niño; pero cuando ya fui hombre, dejé lo que era de niño" (1 Corintios 13:11).

¿En qué se diferencia la forma en que el niño piensa y razona, y la forma en que lo hace el adulto? Los estudios muestran que, antes de la pubertad, el cerebro del niño carece de los químicos que permiten pensar en forma abstracta y ver el panorama total. El niño enfoca su atención en una cosa a la vez. Piensa en términos concretos.[1]

Cuando la pelota rebota hacia la pista y el niño corre tras ella, él sólo está enfocado en recuperarla. El padre, por el contrario, ve el camión que se acerca, calcula la velocidad del camión, grita llamando a su hijo, corre a rescatarlo y le salva la vida, aunque el camión destroce la pelota. El padre ve el cuadro completo. El niño sólo ve la pelota. Por naturaleza, piensa únicamente en el "ahora". Los niños están centrados en sí mismos; sus palabras más comunes son "mío" y "para mí"; y demandan gratificación instantánea. Sin embargo, necesitan límites y consecuencias para aprender a obedecer a la autoridad; tienen que saber que la desobediencia produce consecuencias. Necesitan estructura y reglas. Si el niño ha sido herido por medio del rechazo, el abuso sexual, el maltrato emocional o el maltrato físico, su crecimiento emocional está detenido debido a su temor de haber quedado dañado y de no merecer amor. El niño pierde su autovalía; cree que es defectuoso y se siente indefenso.

CÓMO SE DESARROLLA EL NIÑO

La tradición judía sostiene que hay tres etapas principales en la vida humana (véase Figura 4). La primera es la *edad de la instrucción*, desde el nacimiento hasta los 12 años. Proverbios 22:6 dice: "Instruye al niño en su camino, y ni aun de viejo se apartará de él". En esta etapa predomina la dependencia en la familia.

A los 13 años, el niño judío celebra su *bar mitzvah*. Este rito marca la transición de la niñez a la edad adulta. En esta etapa de responsabilidad, el niño entra oficialmente en la *edad de la decisión*. Al niño que se prepara para el *bar mitzvah*, el rabí le dice: "Has llegado a la edad de la responsabilidad. Ahora eres responsable de los resultados de tus hechos. Tienes que rendir cuenta de lo que haces. Tus decisiones en la vida tendrán consecuencias, y eres responsable por ellas. Estás llegando a ser adulto. En el mundo tendrás que tomar decisiones y serás responsable por ellas. Hoy liberamos a tus padres de la responsabilidad por tu comportamiento".

En la tradición judía, aunque el hombre esté casado, no se le considera maduro sino hasta que cumple 30 años. Fue a esta edad cuando Jesús inició su ministerio pleno. El período desde los 13 hasta los 30 años se conoce como la *edad de*

FIGURA 4

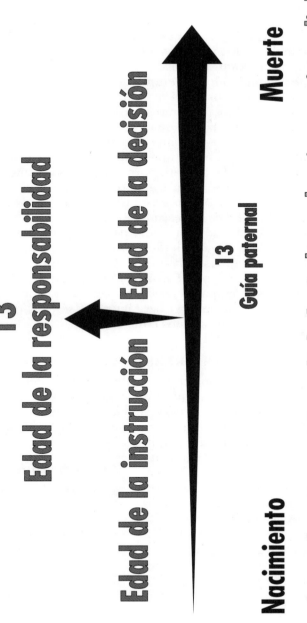

la guía paternal. En la tradición occidental no tenemos 17 años de guía paternal para los hijos; quizá sean sólo cinco años. Una razón por la que la raza judía ha tenido un éxito tan notable en los negocios y en las finanzas es que los varones tienen 17 años de capacitación, aprendiendo a tomar decisiones y siguiendo el ejemplo de los varones mayores de la familia. Reciben instrucción práctica y aprenden a someterse al consejo sabio, tal como lo ordena claramente la Biblia.

Como dijimos, la persona entra en la edad de la decisión a los 13 años. En esta etapa continuamos hasta la muerte. Con el paso del tiempo, nos sentimos cada vez más confiados para tomar decisiones. Somos capaces de encontrar alternativas. Podemos seguir adelante y tener éxito. El joven normal de 13, 14 y 15 años está pasando de la *edad de la instrucción* a la *edad de la decisión.*

Esta antigua tradición judía de las tres etapas de la vida es semejante a los resultados obtenidos con los modernos estudios sicológicos. Un punto de vista muy aceptado en cuanto al desarrollo del niño es el de Eric Erickson. Este identificó ocho etapas de desarrollo en la vida de la persona, pero las primeras seis (véase Figura 5) son las que se aplican a las áreas que estamos considerando.

Las áreas afectadas

¿De qué forma los traumas de la niñez afectan nuestra conducta? Las heridas que nunca sanaron nos fuerzan a recurrir al instinto de supervivencia. La preservación a todo costo es lo que nos impulsa para seguir con vida. Sin embargo, los niños no pueden cambiar sus circunstancias, o no saben cómo hacerlo. Así que, en la mayoría de las situaciones, aprenden a soportar lo malo. A veces esconden su dolor tras una máscara superficial, pero eso tiene un precio.

Si el crecimiento emocional se detiene, el carácter interno no se forma normalmente.

Si el crecimiento emocional se detiene, el carácter interno no se forma normalmente. Más bien, el niño crea una personalidad falsa que usa como máscara para protegerse del rechazo. En este proceso, procura satisfacer las expectativas de las personas que son importantes para él, pero al hacerlo, sacrifica su propio desarrollo. No puede madurar en áreas cruciales como las relaciones y la administración de la vida personal.

El control del enojo

Sólo un adulto capaz de decidir puede controlar el enojo y comprender que la ira tiene una fuente de origen. Siendo yo adulto, usted no logrará que me enoje a menos que se lo permita. Puedo decidir que no dejaré que me manipule y me haga enojar. Pero, en el caso de los niños, es fácil provocar su enojo porque no tienen la capacidad para tomar decisiones.

¿Ha tratado alguna vez con una persona de reacciones previsibles y de mal carácter? Es probable que la hayan herido en su niñez. Debido a su comportamiento infantil y a su incapacidad para controlar el enojo, parece que los demás siempre la molestaran. Por tanto, se pregunta cuál es su problema e interiormente se siente como un niño. Siente que sus emociones están bajo el control de los demás. Si nuestro desarrollo se ha paralizado, el control del enojo no es una de nuestras cualidades.

La cooperación

Si se detuvo mi desarrollo emocional, no puedo trabajar como miembro de un equipo. En vez de ser una persona madura que toma decisiones con confianza, quiero forzar a los demás para que siempre estén de mi lado. Si no lo consigo, hago pucheros y me alejo. Si en la junta de la iglesia no votan a favor de mi propuesta, me retiro, renuncio, o hablo a espaldas de los demás miembros de la junta para asegurarme de que se conozca mi opinión. Lo mismo ocurre en el trabajo. Si nuestro desarrollo está paralizado, no entendemos que debemos trabajar como equipo. No podemos cooperar en el hogar, en el trabajo ni en la vida espiritual.

La solución de conflictos

La solución de conflictos no es una de las habilidades de la persona cuyo desarrollo está interrumpido. Esto es evidente especialmente en los hombres. Si un hombre no puede resolver el conflicto, simplemente sigue adelante arrastrando

FIGURA 5

LAS SEIS ETAPAS DE LA VIDA SEGÚN ERIK ERICKSON

Etapa	Edad (Aprox.)	Función	Aspectos de las funciones	Si no se logra	Logro duradero de éxito
I	Bebé (nacimiento a 1 año)	*Confianza básica*	*Cuidado "maternal" físico y emocional.* Sentido de orden y estabilidad en los eventos que experimenta; se siente querido, amado y protegido.	*Desconfianza básica.* Vida permanece caótica, desconectada. El niño está enfermo; incapacitado física y sicológicamente. Alta mortalidad infantil; autismo; retraso académico.	*Impulso y esperanza*
II	Infante (1-3 años)	*Autonomía*	Aprende a pararse; come solo, etc. Controla funciones fisiológicas. Expresa necesidades básicas con lenguaje. Descubre opciones; aprende a decir "no" y "sí". Aprende reglas de la sociedad; "lo que puede y no puede hacer".	*Vergüenza y duda.* Por falta de autonomía, depende pasivamente de otros; no afirma su voluntad, por lo que manifiesta obediencia excesiva; incapacidad para aceptar "no" como respuesta produce personalidad rebelde; quizá "delincuente".	*Dominio propio y fuerza de voluntad*
III	Preescolar (4-6 años)	*Iniciativa*	Aprende geografía, tiempo; va y viene solo; piensa en términos del futuro; ha desarrollado la memoria; aprende primeros papeles de adultos. Más amoroso, cooperador, seguro en la familia. Muy probable que sea persona "moral".	*Culpa.* Siempre quiere tener el control. Sentido de competencia lo impulsa a tratar de ganar a cualquier precio; quizá viole las leyes.	*Dirección y propósito*
IV	Escolar (6-12 años)	*Diligencia*	Aprende a ser parte de la sociedad; en el occidente aprende lectura, escritura y aritmética; empieza a entender las normas de la sociedad. Aprende a sentirse digno y competente.	*Inferioridad.* Si uno no aprende diligencia, se siente inferior a otros. Si la aprende bien, quizá viva obsesionado con el trabajo y se conforme demasiado a la sociedad.	*Método y capacidad*
V	Adolescente (12-inicio de adultez)	*Identidad*	Desarrollo sexual e identidad sexual. Descubre su papel en la vida; como persona distinta de la familia, se pregunta: "¿Quién soy?" Desarrolla amistades; rechaza a la familia.	*Confusión respecto a su papel.* Quizá no logre identidad personal separada de la familia. Tal vez no llegue a ser adulto socialmente o estable sexualmente.	*Devoción y fidelidad*
VI	Inicio de adultez	*Intimidad*	Aprende a compartir pasiones, intereses, problemas con otra persona; a pensar en "nosotros" y "nuestro" en vez de "yo", "mí" y "mío". Se asocia con otros; familia, trabajo, comunidad. Logra estabilidad.	*Aislamiento.* Incapaz de relación estrecha con otros. Fijación en nivel de adolescencia: busca sensaciones y placer. Elude responsabilidad. Carece de "raíces" y estabilidad.	*Asociación y amor*

*Aquí tratamos de las primeras seis etapas de las ocho que describe Erik Erickson.
Adaptado de *Identity and the Life Cycle* (Nueva York y Londres: W. W. Norton and Co., 1980).

tras él una serie de problemas no resueltos. No lo perturba demasiado. Las mujeres son diferentes. Ellas quieren resolver el conflicto tan pronto como éste se presenta. Si en su vida hay algo no resuelto, quieren buscar la solución. Las mujeres quieren poner fin al problema. Los hombres no sienten esa necesidad. Si un niño tiene un conflicto, si se cae y se lastima, ¿a quién acude? Mamá o papá lo solucionará. Pero, en los casos del desarrollo detenido, si el hombre enfrenta un problema, quiere que su esposa lo solucione. En el caso de la mujer, enfrenta el problema como víctima y quiere que él lo solucione. Eso es lo que une a la pareja en los casos de disfunción: la necesidad que tienen en común, y no la habilidad que tienen ambos para decidir.

Motivados por metas

Es común que la víctima de violencia doméstica diga: "Mi esposo es un buen hombre. Tiene grandes ideas, pero es el más grande estafador y la persona más mentirosa que he conocido". Cuando nuestro desarrollo se ha detenido, nos fijamos metas muy altas. De hecho, establecemos metas imposibles y luego nos disgustamos con nosotros mismos por haberlo hecho, sin tener esperanza alguna de poder lograrlas.

Por ejemplo, el hombre fija metas y le dice a su esposa lo que hará. Se siente muy orgulloso anticipadamente, pero no cumple ninguna de ellas. Unos seis meses después, fija nuevas metas. Cuando se las comunica a su esposa, ella quisiera decirle: "Eres el hombre más mentiroso que he conocido", pero teme que la golpee. Por lo general, la mujer puede hacer una lista de las cosas que él dijo que haría, pero que nunca ha cumplido. Finalmente, ella lo considera fanfarrón y mentiroso.

Cuando el hombre dice: "Voy a hacer esto", en su mente ya lo ha hecho. Si su desarrollo está detenido, él siente satisfacción al decir: "Lo haré", pero inicia proyectos y nunca los termina. Tiene un sinnúmero de planes indefinidos para el futuro, y ha dejado muchos otros en el pasado.

Permítame añadir algo más que pudiera ser doloroso. El padre le dice a la hija: "Esta noche será sólo para nosotros dos. Saldremos juntos y gozaremos; nadie más estará con nosotros". Pero, más tarde él no llega. La hija espera hasta que ya no puede mantener abiertos los ojos, aún confiando que llegará y harán lo que le prometió. Al fin se queda dormida y la madre la lleva a la cama. En la mañana, cuando despierta, las lágrimas ruedan por sus mejillas. El papá la decepcionó. Años después se casa con un hombre como su padre porque es el tipo de personalidad que conoce. El esposo la decepciona en numerosas ocasiones. La gente se pregunta por qué ella no confía en los hombres. Fue herida por un padre que hablaba elocuentemente de lo que haría, pero que luego no cumplía. Y, la historia se repite con un esposo que tiene un sinnúmero de grandes ideas y metas. Finalmente ella dice: "Nunca más caeré en esto".

La intimidad emocional

Si nuestro desarrollo está detenido, desconocemos lo que es la intimidad emocional. Antes de la pubertad, el niño es básicamente asexual. Si sufre asalto sexual o violación en diferentes ocasiones, o en una situación prolongada, el niño queda estancado con una sexualidad difusa. Si de niños somos heridos sexual, emocional o físicamente, el matrimonio —en especial para los hombres— consiste en relaciones sexuales, y relacionamos el componente emocional con el papel de la madre. "Quiero una esposa", dice, "no quiero una mamá". El necesitará una tremenda cantidad de atención sexual porque trata de satisfacer sus necesidades, pero no comprende que, como adulto, debe haber intimidad emocional juntamente con la intimidad sexual.

La administración financiera y la responsabilidad

Si se interrumpió nuestro desarrollo, por lo general tenemos problemas financieros. Recurrimos a lo material porque no estamos felices con la vida. Algo nos perturba, así que nos dedicamos a gastar. Cargamos las tarjetas de crédito al máximo y, finalmente, caemos en el desastre financiero. A veces ni procuramos la recuperación porque no es algo tangible. Para el que tiene una actitud infantil, la prioridad es la autogratificación en lo financiero, tratando de obtener siempre lo que quiere y cuando lo quiere. Ansiamos comprar algo tangible. No deseamos invertir en nuestra propia recuperación, porque es algo que no podemos ver.

En mi primer matrimonio con Judy, a veces ella me decía: "¿Cuánto dinero tenemos en el banco? Debo comprar víveres".

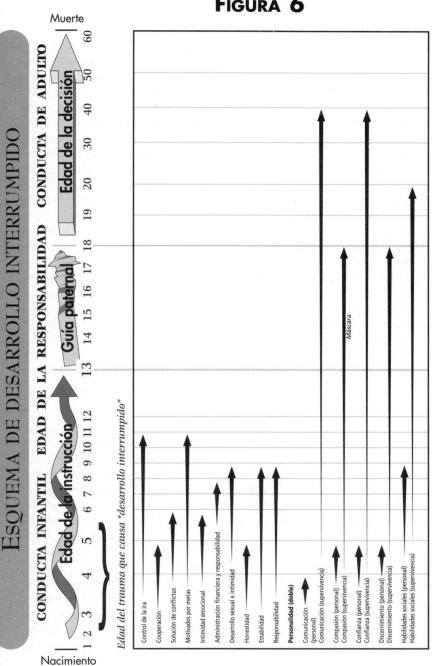

FIGURA 6

ESQUEMA DE DESARROLLO INTERRUMPIDO

Mi respuesta era: "¿Qué te importa? Tú no necesitas saber cuánto hay en el banco".

En la relación normal, tanto el esposo como la esposa están enterados de la situación financiera. Ambos deben saber cuánto deben. Si trabajan y unen sus ingresos, deben saber cómo se está usando· el dinero y cuánto tienen en todo momento. En los asuntos financieros, sean grandes o pequeños, hay operaciones que los dos tienen que comprender. Ambos deben participar en la administración de los ingresos y dialogar sobre los gastos que hacen. Sin embargo, los que se han detenido en su desarrollo emocional, piensan que el dinero es un tema que a su pareja no le corresponde conocer. Judy tenía todo el derecho de saber cuánto había en la chequera para comprar los víveres, pero debido a mi desarrollo interrumpido, no quería rendir cuentas. En mi mente veía a Judy como madre, una autoridad que odiaba y contra la cual me rebelaba. Yo era la cabeza de la familia; por tanto, el dinero era mío.

Este tema es importante en la consejería prematrimonial porque es una de las áreas que más problemas causa entre la pareja. Si el desarrollo se ha detenido, el hombre quiere controlar el dinero y que ella permanezca pasiva. Rendir cuentas da la impresión de que uno está bajo una autoridad, y en el desarrollo interrumpido hay oposición a la autoridad.

El desarrollo sexual y la intimidad

Para el que posee una mentalidad infantil, el desarrollo sexual está centrado en sí mismo. No le interesa preparar a su pareja para el acto sexual, comunicarse con ella ni establecer el vínculo emocional. Constituye un esfuerzo para él dedicarle tiempo a la esposa para discutir temas serios. Su relación es muy superficial. Conversan sobre asuntos sin profundidad. No dialogan sobre la solución de conflictos. No hay un vínculo emocional entre ellos. Cuando se ha detenido el desarrollo, sencillamente es más fácil para el hombre cuidar de sus propias necesidades. Mientras más ocurre esto, menos necesita de su pareja. Ella se convierte en una persona que él puede poseer, pero no se preocupa ni cuida de ella.

La masturbación en el adulto pudiera ser consecuencia de la interrupción del crecimiento emocional en la niñez, porque esa persona nunca ha desarrollado la habilidad y la madurez para formar una relación de adulto con adulto. Las relaciones sexuales entre adultos responsables requieren compromiso y responsabilidad emocional, disposición para rendir cuentas y aceptación mutua. Requiere la comunicación de sentimientos y valorar a la otra persona para lograr el crecimiento continuo en la relación entre el esposo y la esposa. La masturbación es un escape fácil que no requiere ninguno de estos factores.

La honestidad

Cuando una persona trata de parecer madura, pero no lo es, se vuelve manipuladora. Adorna la verdad, exagera y miente para sobrevivir. Su argumento tácito es: "¿Por qué habría de ser honesto contigo y revelar mi infantilismo? Lo ocultaré. Soy un adulto seudomaduro. Tengo respuestas a preguntas que nunca harás. Puedo controlar y planear tu vida. Puedo decirte lo que debes hacer porque pienso que soy más maduro que tú".

En esta área de la honestidad haremos cualquier cosa para mantener la apariencia de seudoadulto, de una persona que parece madura. Sin embargo, nuestra conducta habla más fuerte que las palabras. Casi siempre nos descubren. Parece un misterio cómo la verdad se llega a saber. Entonces la gente dice: "No puedes confiar o creer en esa persona en absoluto. Ni pierdas el tiempo con ella". Esta es una evidencia del desarrollo interrumpido.

La estabilidad

Si nuestro desarrollo se detuvo, hemos adquirido una "personalidad doble" que carece de estabilidad. Santiago 1:8 dice: "El hombre de doble ánimo es inconstante en todos sus caminos" (*Reina-Valera 1960*). El doble ánimo se puede interpretar como la inestabilidad de una persona cronológicamente adulta que actúa como niño. No posee estabilidad. Padece de un síndrome camaleónico que declara: "Dondequiera que esté, adaptaré mi personalidad a la situación". De ese modo teme menos el rechazo. Esa persona no confía en un sistema de creencias, no es firme en su experiencia cristiana, no tiene estabilidad financiera, ni en el hogar ni en el trabajo. Sencillamente sube y baja con la marea, y sigue la corriente de lo que esté sucediendo.

La responsabilidad

La responsabilidad es una cualidad del carácter que se aprende, y la enseñamos por medio del ejemplo. El problema es que, en muchos casos, hay niños que están criando a niños; es decir, padres cuyo desarrollo quedó detenido están ahora criando a sus hijos.

Al llegar a la vejez, estos padres se sienten realmente indefensos. Quieren que sus hijos casados los cuiden y tomen decisiones por ellos. Los papeles se invierten: Los mayores se vuelven como niños, esperando que los hijos finalicen el modelo de crecimiento que nunca hubo en la familia de origen de los padres. No obstante, el desarrollo interrumpido del hijo también se resiste a asumir la responsabilidad. De modo que el ciclo se transfiere año tras año y de generación a generación. El hijo no será más maduro que los padres de la familia de origen, a menos que alguien intervenga para ayudarlo a madurar.

La comunicación

Cuando el desarrollo de una persona se ha detenido, su personalidad doble es evidente en la comunicación dentro del hogar. El esposo y la esposa hablan del clima, de la casa, de las vacaciones, de los hijos, del carro, de los vecinos y de los parientes. Sin embargo, no pueden ni quieren dialogar sobre temas profundos como sus sentimientos, necesidades o problemas en su relación, porque revelarían lo que realmente son, y temen causar un rechazo y sufrimiento que no desean enfrentar. Viven una farsa. No resuelven los conflictos, no existe vínculo emocional ni crecimiento como pareja. No se esfuerzan por desarrollar una relación profunda. Tanto ellos como su relación están paralizados.

La compasión

En el hogar, y en la vida personal de aquellos que están detenidos en su desarrollo, no existe compasión. Si la esposa se enferma, el esposo no se preocupa por ella. Su actitud es: "Más vale que pospongas tu enfermedad porque necesito que laves la ropa; además, tienes que levantarte y cocinar, y luego haremos el amor". El no siente compasión alguna por su esposa. Pero, si es él quien se enferma, todo tiene que dejarse de lado para atenderlo. Ella ve lo peor de la personalidad de su esposo, pero el mundo cree que él es maravilloso: Si sabe que alguien tiene problemas económicos, da todo lo que tiene para ayudarlo, aunque su esposa esté en la casa sin luz, sin agua y sin gas por falta de pago; no hay víveres para la familia, pero él invita a sus amigos y a las esposas a un restaurante. Tal vez ante el mundo parezca compasivo y maduro, pero ella ve que él no tiene compasión ni de sus propios hijos.

La confianza

En el mundo, el hombre usa una máscara y aparenta ser la persona más segura del mundo. Si la mujer alguna vez dijera que él la maltrata física o emocionalmente, la gente diría: "Ella está loca. Nosotros lo conocemos. Lo hemos conocido por años. No es esa clase de persona. ¿Qué trata de hacer ella? ¿Quiere destruirlo?" Pero, en el hogar él es un desastre. Es inseguro. Tiene el síndrome de "pobrecito yo". Actúa como mártir para que ella lo proteja y lo cuide. El no quiere la figura de una madre que despierte su rebeldía a la autoridad, sino alguien que cuide de él, que corrija lo malo que él hace y que resuelva sus problemas; sin embargo, le desagrada que le digan lo que debe hacer.

El discernimiento

El discernimiento personal del hombre está totalmente distorsionado. Rehúsa reconocer sus propios problemas, pero les dice a los demás cuáles piensa él que son los defectos de ellos. El los está viviendo, así que sabe lo que están experimentando. El tiene las respuestas para todos, pero ninguna para sí mismo.

Las cualidades sociales

Este hombre podría ir a Francia y pedir lo que deseara del menú, y poseer todas las cualidades para desempeñarse socialmente en el mundo. Pero, en su hogar, se sienta frente al televisor vistiendo sólo ropa interior, eructa, echa gases y da mal ejemplo a los hijos. En la iglesia o en el trabajo quizá dé buena impresión; sin embargo, la dualidad es más evidente en el hogar. El desarrollo interrumpido es su estilo de vida.

El paso emocional de la *edad de la instrucción* a la *edad de la decisión* no es tan solo para los niños judíos. Si veo la vida como niño y percibo que mis decisiones son dictadas por mi indecisión, por mis circunstancias o por alguien que me controla, entonces siento que no tengo dominio alguno sobre mí mismo y sobre mi vida. Por tanto, decido controlar lo que me rodea, incluyendo a las personas y las situaciones. Lo quiera o no, las heridas impulsan mis acciones.

5
LAS REACCIONES:
UN ESTILO
DE VIDA

Si el niño experimenta una de las heridas de las que tratare-
mos en este capítulo —o varias de ellas—, su desarrollo puede quedar interrumpido. Examinemos detenidamente esas
heridas.

EL RECHAZO

El rechazo es una de las experiencias más duras que enfrenta el ser humano. Es peor que el cáncer terminal porque,
en este caso, la persona sabe que el sufrimiento terminará y
puede prepararse para lo que le espera. La muerte implica fin,
y generalmente podemos comprender eso; estamos programa-
dos para hacerlo.

El rechazo, sin embargo, no tiene fin. Parece perdurar en
la mente para siempre. Nunca termina. Podemos remontar-
nos hasta la niñez para encontrar la causa de nuestro intenso
temor al rechazo: una mala experiencia; traumas; algo que
nos dijeron nuestros padres, amigos, hermanos y hermanas.
El rechazo puede ocurrir aun en el momento de la concep-
ción, e incluye abandono, espíritu de crítica, perfeccionismo,
desprecio, descuido y otros aspectos negativos. Las siguientes
heridas caen bajo la categoría del rechazo.

El incesto y el abuso sexual

Toda forma de ataque sexual rechaza mi vida privada, mi
cuerpo, mi valía y autoestima. Hace que me sienta anulado
de la raza humana.

Incesto = acto sexual entre miembros de la familia
Abuso sexual = el que comete uno que no es de la familia

El maltrato emocional

El maltrato emocional es toda comunicación, amonestación o reproche que no inspira, no edifica ni resuelve pro-

blemas. Este tipo de maltrato deja marcas permanentes en la mente del niño. Las llamamos "mandamientos para la vida". Algunos ejemplos son: "Eres tonto". "Ojalá nunca hubieras nacido". "¿Quién crees tú que eres?" "¡Cállate! ¿Quién te preguntó?" "¡Tú nunca haces nada bien!" "Deja de llorar o te daré verdadero motivo para llorar".

El maltrato físico

El maltrato físico es todo contacto que no se hace con amor, respeto y dignidad. Esta forma de abuso degrada a la persona emocionalmente, le roba la autovalía y siembra temor.

Cuando ocurren los abusos descritos, producen las siguientes *reacciones* en la vida del niño:

La pérdida de respeto por sí mismo

No importa lo que suceda, mi valía como persona no disminuye. Sin embargo, cuando me hieren, no puedo hallar ni sentir tal valía. La reacción más obvia es la pérdida del respeto por mí mismo que se manifiesta de varias formas:

(1) Pierdo mi sentido de seguridad.

(2) No puedo confiar.

(3) Dudo de la verdad.

(4) Temo el conocimiento.

Estas reacciones se convierten en un estilo de vida. Al considerar las raíces de las mismas, hay cinco categorías que necesitamos entender: el rechazo y las cuatro heridas, es decir, el incesto, el abuso sexual, el maltrato emocional, y el maltrato físico. Cualquiera de estos, o una combinación de ellos, interrumpe el desarrollo de la persona. El rechazo en la familia de origen trunca el proceso de formación del niño. Si se añade maltrato emocional o maltrato físico, su desarrollo queda atrofiado. Tendremos que trabajar por años para encontrar la solución.

Si antes de la pubertad el niño es víctima de incesto, abuso sexual, maltrato emocional o maltrato físico, de inmediato pierde la autoestima. Al nacer, el niño posee la valía inherente que le ha otorgado su Creador. Esa valía es su seguridad para enfrentarse al mundo, se podría interpretar con estas palabras: "Soy digno de que alguien me ame". El niño puede así recibir el amor de sus padres, porque posee autoestima y valía. La autoestima, por tanto, es su seguridad. Cuando alguien la destruye al infligirle una de las heridas, o una combinación de ellas, él pierde la autoestima. Ya no tiene seguridad y debe buscarla en sí mismo: "Mi mundo no es seguro. Han violado mis límites. Eso significa que no merezco respeto ni dignidad. No puedo confiar ni en mis padres para que me protejan. No tengo seguridad, así que yo debo ser mi única seguridad". El niño duda entonces de la verdad. No le cree a nadie y desarrolla su propia verdad y sus propios sentimientos, los cuales se convierten en la verdad para él. Creemos que nuestra verdad (que en realidad es una mentira) es confiable, porque dudamos de la verdad de los demás.

El temor al conocimiento

La siguiente reacción es el temor al conocimiento. El niño no quiere saber lo que está sucediendo. Algunas personas muestran síntomas de enfermedad pero no quieren consultar al médico. Tienen miedo de saber la verdad. Temen al conocimiento. Cuando la enfermedad avanza y finalmente acuden al médico, es demasiado tarde, porque la enfermedad es terminal. ¿Por qué ocurre esto? Porque dudamos de la verdad y tememos al conocimiento. Por tanto, como adultos, vivimos en total negación, rehusando escuchar la verdad.

El temor al rechazo

Debido al temor, entramos en el área del rechazo. El temor al rechazo puede impulsarnos a dedicar gran cantidad de energía tratando de evitar que nos rechacen. Si temo el rechazo, ¿cómo reacciono? En primer lugar, me rechazo a mí mismo. Distorsiono la situación para que otros no me hieran. Si yo me he rechazado, no puedo aceptarlo a usted, así que lo rechazo también. No permito que sea parte de mi mundo. Seremos amigos superficiales, y si trata de tener una amistad más estrecha, lo rechazaré. No poseo la capacidad para confiar y recibir. Me destruyo a mí mismo, y al hacerlo, destruyo a otros y anulo la habilidad para cultivar relaciones. Esto produce aislamiento.

El aislamiento

Puesto que no puedo vivir aislado, necesito un plan para protegerme: Si usted se acerca demasiado a mí, lo ataco. Lo rechazo. De inmediato levanto un cerco y me escondo tras él. Procuro que usted permanezca lejos de mí a cualquier precio. Sé que si llega a conocerme, no me apreciará. ¿Cómo logro mantenerlo alejado? Actúo en forma violenta. Hablo a espaldas de usted. Lo destruyo. Lo critico. No lo perdono. Soy inflexible. Establezco para usted un standard que yo mismo no puedo alcanzar. Y, cuando no lo cumple, lo ataco y me convierto en su juez, en su jurado y en su verdugo. No siempre puedo reaccionar con violencia cuando siento la necesidad de protegerme, a menos que tenga un depósito de amargura. Por tanto, acumulo y clasifico las injusticias de mi vida. No perdono. No olvido. Recuerdo todas las palabras que usted dijo y las guardo en el depósito. Mientras mantenga éste lleno, puedo estallar al instante en cualquier momento. Puedo atacarlo y mantenerlo lejos de mi vida. No lo lograría si no contara con ese depósito que siempre está ardiendo para protegerme e impedir que lleguen a conocerme. Es doloroso vivir de esta manera, así que cubro esa capa y niego que exista. Escondo mis sentimientos. Los reprimo. Decido no reconocer mis sentimientos y justifico mis acciones.

Ahora estoy marcado para toda la vida. Sé que no soy bueno y que me rechazarán, así que yo rechazo a los demás primero. Si se acercan demasiado, tengo suficiente amargura como para atacarlos y destruirlos. ¿Ha conocido a personas que con su sentido del humor hieren a las demás? Cuando esto ocurre en el matrimonio, es devastador, porque herimos a la persona que más amamos. Mi sistema de protección está en acción, pero no hago nada malo. Yo estoy bien. El mundo entero es el que está equivocado. *Usted* está mal. Si me consultara, yo le diría exactamente cuál es su problema.

Las heridas de la niñez

El niño que ha sufrido rechazo mediante abuso sexual o violación, fácilmente se siente intimidado. Algunas mujeres me han dicho: "¿Acaso llevo en la frente un letrero que dice: 'Víctima. Maltráteme'? ¿Por qué no lucho? ¿Por qué no pongo límites? ¿Por qué permito que violen mis derechos?" Esto sucede debido a las heridas que hemos sufrido en la niñez; nos intimidan con facilidad. El niño se asusta fácilmente y, como adultos, mantenemos esta característica en nuestro estilo de vida. Se origina en el temor al rechazo.

A medida que las otras reacciones echan raíces en nuestra vida, la negación se establece firmemente. Como resultado, acumulamos las reacciones, ocultamos las emociones y reprimimos los recuerdos. Nos volvemos insensibles. Los efectos de las heridas se reconocen fácilmente, ya sean de la niñez, de la adolescencia o de la edad adulta. Se manifiestan en el trabajo, en el matrimonio, en las amistades y en la vida espiritual. Como niños heridos, fácilmente nos intimidan.

El hijo empieza a rebelarse porque piensa: "Nadie sabe lo que me ocurrió, pero sé que soy malo. Soy diferente. Nunca más seré como antes y no inspiro amor, así que me portaré mal sólo para ver si mis padres aún me aman". El se rebela y los padres se preguntan: "¿Qué pasa? Hemos tratado a nuestro hijo con amor. El nos correspondía y, de pronto, está rebelde y su actitud muestra casi odio". Mientras más aman los padres, más se rebela el hijo. El problema no cesará hasta que traten el problema. El hijo es inquieto y no presta atención. Su inseguridad lo impulsa a ser hiperactivo o reservado. Al querer protegerse, desobedece y se rebela cada vez más. La hostilidad aumenta. El niño es cada vez más agresivo, exagera, miente y transfiere la culpa a otros.

Por ejemplo, mi mamá y yo estamos en la casa. Soy el único hijo y mi papá ha estado en viaje de negocios por una semana. Cuando mi mamá encuentra destapada la caja de galletas, dice: "La caja está vacía. ¿Quién se comió las galletas?" Con migas de galleta en mi cara y en mi ropa, digo de inmediato: "¡Yo no fui!" La transferencia de la culpa es obvia: El niño no conecta la *pregunta*, la respuesta y la evidencia. Estos tres elementos están conectados lógicamente, pero él no los relaciona.

Al llegar a la adolescencia, los que fueron heridos han desarrollado ya una falsa "fachada". Puedo relatar mi experiencia como ejemplo. Yo era un muchacho agresivo cuando estaba en el séptimo grado. Fue en ese tiempo cuando un maestro asistente estaba abusando sexualmente de mí. Mis compañeros, cuyos padres asistían a la iglesia de mi padre, le dijeron a mi mamá: "Su hijo Paul tiene un problema. Aquí en la iglesia actúa y habla como cristiano, pero cuando está en el colegio durante la semana, tiene una mente sucia. Allí es el muchacho de peor carácter. Maldice, dice malas palabras, discute, se rebela y maltrata a otros. Tiene un serio problema".

Mi mamá respondió: "¿Por qué dicen eso? ¿Qué se creen ustedes para venir a hablarme así de Paul? Si se comportara así, también en la casa lo haría alguna vez. Frente a nosotros nunca ha dicho malas palabras ni ha hablado como ustedes dicen. El jamás maltrata a nadie ni es violento. Es un buen muchacho". Esas personas dijeron la verdad. Sin embargo, mi madre me defendió porque con mi doble personalidad tan desarrollada, yo planeaba cada palabra que decía frente a ellos. Nunca me descuidaba. Usaba una máscara. Podía viajar con mis padres para realizar la obra de la iglesia, y ellos pensaban que era perfecto. Era un dócil hijo "cristiano".

En nosotros hay una doble personalidad debido a las heridas que hemos sufrido en la niñez. Esta personalidad doble o cambiante puede manifestarse desde muy temprano en la niñez. No podemos controlarla, puesto que carecemos de la capacidad para tomar decisiones; emocionalmente permanecemos en la edad de la instrucción. Nos hemos acostumbrado tanto a desconfiar de nosotros mismos que lo hacemos a la "perfección", y sólo tratamos de sobrevivir. En nuestros años de adolescencia vemos que el rechazo se hace realidad. Si algo bueno nos ocurre, lo saboteamos y luego actuamos como mártires. Nos volvemos egoístas y el mundo gira alrededor de nosotros. Al llegar a la adolescencia, lo normal es que empecemos a vivir como comunidad. Trabajamos en cooperación con otros. Comprendemos que hay otras personas en la tierra y que también ellas tienen derechos. Pero, cuando nos rebelamos contra esta estructura normal para formar una comunidad, y vivimos más bien en un intenso egocentrismo, procurando que el mundo gire alrededor de nosotros, no hay duda de que tenemos problemas. El adolescente normal y saludable que progresa en la estructura de su desarrollo, será parte de un equipo y reconocerá que hay otras personas en el mundo además de él.

Por otro lado, el adolescente que ha sido víctima de abuso sexual, piensa que la promiscuidad es la única forma segura para relacionarse con otros. "Prefiero que use mi cuerpo en vez de permitir que me conozca tal como soy. Usted aceptará mi cuerpo si consiento, pero si realmente me conociera, no me aceptaría. No me querría". Es más fácil vincularse mediante relaciones físicas que mediante la relación emocional, porque temo que la posibilidad del rechazo sea mayor si me conocieran. Cuando hay actividad sexual, la sexualidad se expresa sin control; pero de pronto, debido a la vergüenza, esa sexualidad disminuye y el joven se aísla, se rebela, o hace ambas cosas. El joven o la muchacha odia lo que hace: promiscuidad, aislamiento, promiscuidad, aislamiento —el ciclo se repite una y otra vez. Los adolescentes son sensibles, pero a medida que el ciclo se repite, endurecen sus emociones y luego no pueden relacionarse emocionalmente con otros por toda la vida.

Los adolescentes quizá sufran de anorexia o de bulimia. Al observar a otras personas que se niegan a aceptar la realidad, el adolescente, con su propio sistema de negación, rehúsa reconocer su problema y culpa a otras personas o las circunstancias. Quizá a los 18 o a los 20 años de edad salimos de la casa y escapamos de la supervisión paternal. Ansiamos independizarnos, especialmente si fuimos heridos. Queremos ser nuestra propia autoridad. No deseamos padres que nos digan qué hacer. No queremos un jefe que nos indique cómo comportarnos. No necesitamos profesores que nos fijen fechas para entregar tareas. No queremos un hombre o una mujer en nuestra vida que nos diga qué hacer. Eso se parece a lo que hacían papá y mamá.

Si fuimos heridos, al llegar a la adultez ya hemos levantado barreras firmes. Nuestra inseguridad está grabada en concreto. Es imposible que desarrollemos la autoestima a menos que nos ayude un profesional en quien confiemos, alguien que conozcamos y se preocupe por nosotros, que posea la habilidad para penetrar en nuestro sistema de negación, brindándonos conocimiento y comprensión, y que permanezca con nosotros aun en los tiempos difíciles. Nuestra rebeldía está más desarrollada. Ahora nos odiamos a nosotros mismos y, por lo mismo, odiamos a los demás. Para sobrevivir, juzgamos a todos. En otras palabras, tengo que destruirlo a usted y aplastarlo para que estemos a la misma altura. Criticamos y juzgamos, y eso produce confusión en nuestra vida. Puesto que tememos amar, tememos conocer, dudamos de la verdad, y hemos sufrido heridas como adultos, nos mantenemos lejos de todo lo que sea espiritual. No queremos tener ninguna conexión con la iglesia, o por el contrario, adoptamos un punto de vista rígido, creyendo que las "reglas" nos harán perfectos. Pensamos que si seguimos normas y reglas establecidas por seres humanos, éstos nos aceptarán y quizá Dios también lo haga. Las personas heridas piensan que Dios las ha herido. No todas llegan a extremos, pero muchas creen que necesitan probarle a Dios que son dignas de su atención y amor. Si podemos determinar lo que es el amor, entonces nuestro afán será hacer cosas para agradar; pero, todo lo que podamos hacer no será suficiente para ser amados. Cada vez nos independizamos más. Nuestra promiscuidad aumenta porque es la única forma de conexión que conocemos. Nos rebelamos contra todas las formas de autoridad y terminamos con problemas sexuales. Después pensamos: "Si tan solo hubiera...", "Dios sabe que lo he intentado", y "¿por qué yo?"

En el matrimonio, los que hemos sido heridos, tratamos de encontrar a alguien que tenga nuestra edad emocional para poder relacionarnos. Lo llamamos "amor", pero no es saludable, porque tratamos de satisfacer necesidades que no fueron satisfechas en nuestra familia de origen. Lo que ocurre en estos casos es que nos casamos, pero bloqueamos la intimidad que podríamos tener. La mujer que ha experimentado problemas en la niñez tiende a bloquear el amor del esposo que quiere fortalecer el vínculo emocional con ella.

Al viajar por Nebraska me detuve en una gasolinera. La camioneta que manejaba tenía pintadas las palabras *"Centro de Aprendizaje P.V.D."*. Cuando entré a la estación, una de las dos mujeres que estaban tras el mostrador me preguntó: "¿Qué es P.V.D.?"

Cuando le expliqué que significaba "Proyecto sobre Violencia Doméstica", dijo: "¿Dónde estaba usted anoche cuando lo necesitaba?"

—"¿Qué sucedió?", pregunté.

—"Nuestras parejas nos golpearon y ahora están en la cárcel".

—"¿Cuántas veces se han casado ustedes?"

Las dos respondieron que se habían casado varias veces.

"Permítanme preguntarles", les dije. "Algo sucedió en su niñez que les hizo creer que no merecían una buena relación. Les haré una pregunta y ustedes deben responderme de inmediato. Antes que se casaran la primera vez, cada una conoció a un hombre que vio valía en ustedes en forma incondicional. Ustedes los querían. Eran emocionalmente estables, serenos. Tenían un buen empleo y el potencial de ser magníficos esposos. Sin embargo —debido a lo que opinaban de ustedes mismas—, aunque querían salir con ellos, establecer una relación y conocerlos mejor, los rechazaron porque pensaron que las dejarían si llegaban a conocerlas realmente, y ustedes no podían soportar la idea de que las abandonaran".

Al instante ambas mencionaron los nombres de los hombres que se habían interesado en ellas, y con quienes no habían querido formar una relación por el concepto que tenían de sí mismas.

En muchos casos contraemos matrimonio con una persona por comodidad, pero tememos establecer una relación con alguien que realmente pudiera querernos, porque no nos sentimos dignos de ese tipo de relación y pensamos que la destruiremos. Por falta de autovalía, evadimos las buenas relaciones y nos conformamos con las que son mediocres. Después negamos que existan problemas. No queremos hablar al respecto. Rehusamos reconocer la verdad aunque nos quejemos constantemente de la situación. En esa relación matrimonial, la vida pronto llega a ser sólo existencia. Pero, como socios, estamos bajo un código tácito y desempeñamos nuestro papel para probar que podemos ser un matrimonio. Nuestra motivación es actuar ante los demás. Guardamos internamente todo lo que ocurre. El hombre dice algo y ella lo interpreta como algo personal. Ella dice algo, y él lo interpreta como algo personal. Siempre discuten. Nuestra personalidad es como la de alguien que sufre de una adicción. Nos aislamos aun dentro del matrimonio. En nuestro espíritu existe una constante irritabilidad. Sufrimos de soledad y desconfianza. Quizá estemos casados y tengamos seis hijos, pero nos sentimos completamente solos porque no estamos conectados emocionalmente. Tenemos una familia, contraemos deudas, trabajamos juntos, hacemos de todo, pero nunca se establece la conexión. Pensamientos de suicidio y desesperación cruzan nuestra mente. Sentimos miedo y ansiedad. Muchas veces nos expresamos en forma segura (o eso pensamos) por medio del humor hostil, las quejas, las críticas, el espíritu defensivo, y estamos enojados todo el tiempo. El enojo no surge de la nada; tiene una causa. Quizá haya momentos de llanto y de provocación. Por ejemplo, si provocaba a Judy y ella lloraba y gritaba, sabía que la tenía en mi poder. Cuando trataba de provocarla y me ignoraba, yo interpretaba que había dejado de amarme. Ya no la tenía bajo mi control. La provocación es una prueba para saber si nuestra pareja aún está bajo nuestro poder, y si lo está, me siento seguro. No me abandonará.

Como resultado de estas experiencias, pasamos el resto de la vida tratando de controlar a otras personas o las situaciones. Para ello, manipulamos y usamos cualquier poder y método que funcione. Al final, nuestro único objetivo es sobrevivir. Puesto que no tenemos control sobre nosotros mismos, para sobrevivir tratamos de controlar lo que ocurre alrededor. Queremos dominar a los que están cerca de nosotros porque, si lo logramos, fortalecemos nuestra autoestima (o, eso creemos). Si controlo a mi jefe, a alguien de la iglesia, a mi esposa y a mis hijos, entonces mi mundo está seguro. Si domino a la gente, las circunstancias y las situaciones, me siento seguro, porque no tengo control de mí mismo. No permitimos que ninguna emoción salga a la superficie. Hay aspectos compulsivos en nuestra manera de ser, y quizá se manifiesten como adicciones porque no podemos resolverlas. Posiblemente estemos muy cansados porque nunca descansamos. Siempre estamos en acción. Nuestro organismo produce adrenalina constantemente. Nuestra vida está basada en un sentimiento de vergüenza que dice: "Soy una mala persona", y lo aceptamos como si fuera una verdad del evangelio, la cual implica que no podemos cambiar. Tomamos decisiones basados en nuestra indecisión, en las circunstancias y en otras personas. Con esta perspectiva, terminaremos en divorcio y nos volveremos a casar otra vez, y otra vez, repitiendo la misma conducta. Siempre obtendremos menos de lo que merecemos, pero nuestra mente desea cambio. La única forma en que podemos vivir es con la esperanza de un mejor mañana. Pero, la mayor parte del tiempo nuestras actitudes y lo que decimos a otros, y a nosotros mismos, indica sólo desesperación. Vivimos con la sensación de que nunca merecemos nada bueno. Me siento totalmente inseguro y acabaré solo. Me siento frustrado en todas las áreas de mi vida.

MARCADOS PARA TODA LA VIDA

Esta conducta destructiva nos marca para toda la vida. Debido a nuestra disfunción, no avanzamos de una etapa a la siguiente. Y, lamentablemente, cargamos con nosotros las experiencias negativas y añadimos más en el camino. Vamos por la vida recibiendo siempre menos de lo que merecemos, porque aunque anhelamos desesperadamente un cambio, no tenemos esperanza de lograrlo. Con el paso del tiempo, nos sentimos más indignos, inseguros y frustrados. Nuestra capacidad para resolver situaciones es mínima y vivimos en un estado de agotamiento y depresión. Nos avergüenza enormemente el ejemplo que damos a nuestros hijos. Este ciclo se repite en ellos y en nuestros nietos. Con el tiempo, llega a ser nuestra norma de vida.

La descripción anterior podría ser el diagnóstico de la etapa en la que nos hemos detenido, y de cómo ha sido nuestra vida debido a la interrupción del desarrollo. Mientras más pronto comprendamos estas cosas, más pronto podremos empezar el proceso a la madurez y ser la persona que Dios siempre ha deseado que seamos. Podemos tomar el control de nuestra vida y saber dónde nos quedamos detenidos. Podemos permitir que la confianza empiece a desarrollarse. Este es el principio del desarrollo de nuestro carácter y de nuestro recorrido hacia la normalidad.

6
LA VERGÜENZA, LA CULPA Y EL ENOJO

LA VERGÜENZA Y LA CULPA: ¿CUÁL ES LA DIFERENCIA?

¿Podemos librarnos de reacciones que se han convertido en nuestro estilo de vida? Sí. Requerirá trabajo, pero el tiempo es nuestro aliado. El primer paso es comprender la diferencia entre la vergüenza y la culpa.

Si no conozco esa diferencia, nunca descubriré ni comprenderé mi valía como persona. La vergüenza es la percepción que me esclaviza a un sistema de creencias que dicen: "Soy malo. Soy inmoral. No valgo nada". Surge de la tendencia al perfeccionismo, y nos lleva a esperar rechazo, inflexibilidad, aislamiento y desaliento. Cuando actúo con una perspectiva basada en la vergüenza, mi valía está sepultada bajo mis disfunciones, temores, ansiedades, acciones, errores, imperfecciones, rechazos, sentimientos, incapacidades y pecados. No me satisface nada que no sea perfecto. Mi afán es desempeñarme bien ante los demás, e impongo expectativas poco realistas a mi pareja, a las demás personas con quienes me relaciono, y también a mí mismo. No importa qué haga, nunca pienso que soy lo suficientemente bueno y capaz.

La vergüenza y la ira son interactivas, porque cuando se manifiesta ira, se siente vergüenza. La ira surge cuando uno se siente incapaz. Oculta la vergüenza. La ira impide que se conozca a la persona tal como es. La aísla y la desconecta de las demás.

El enojo, que no es lo mismo que la ira, es un modo de expresar los sentimientos a fin de conectar y reparar la relación con otra persona.

La vergüenza es una conducta que se aprende. El ser humano no nace con ella. La aprendemos de diferentes fuentes, tales como nuestra familia de origen, la escuela, las relaciones, la cultura y aun la iglesia.

La culpa, por otro lado, puede ser una emoción saludable que experimenta la persona que tiene un firme sistema de valores. Se basa en la siguiente suposición: "Cometí un error. Hice algo malo. Mi actitud o conducta fue mala, o he pecado. Pero soy una persona que posee mérito y valía infinitos". Cuando reconozco mi valía fundamental en forma saludable, tengo la capacidad para cambiar mis actitudes, modales, reacciones y acciones. Es decir, tengo control de mí mismo. Cuando actúo en un sistema basado en la culpa (y no basado en la vergüenza), cada vez soy más responsable y rindo cuenta de mis acciones. Mi autovalía se profundiza y se forma mi carácter. Desarrollo un saludable sistema de creencias basadas en un fundamento firme. Mis errores y fracasos llegan a ser experiencias de aprendizaje. No reflejan mi autovalía. Yo tengo el poder para decidir que cambiaré mis actitudes y mi conducta.

La culpa se puede expiar porque la promesa de amor está aún presente y experimentamos alivio al ser perdonados. Tiene un inicio y un posible final. La culpa tiene que ver con nuestra *conducta*. La vergüenza tiene que ver con *nosotros*. La culpa puede ser una herramienta de aprendizaje; la vergüenza, por el contrario, obstaculiza el aprendizaje. La vergüenza y la culpa van juntas, y podemos dirigirlas a otras personas o a nosotros mismos.

La culpa tiene que ver con su conducta. La vergüenza tiene que ver con usted.

La persona que actúa basada en la vergüenza teme el castigo, el abandono y el rechazo. Se siente excesivamente responsable por las circunstancias. La vergüenza es el resultado del trato que ha recibido. Quizá diga: "Me trataron como si no valiera nada; así que, seguramente no valgo nada". Parte del proceso de sanidad es reconocer que la vergüenza fue algo real en el pasado, pero que no es parte de nuestra vida ahora. Vivimos en una sociedad que funciona en base a la vergüenza. La vergüenza causada por heridas recibidas en la niñez se puede procesar para convertirla en culpa, así como la oruga se convierte en mariposa. Descubrir las causas de nuestra vergüenza es el principio de esa transformación. Considere los siguientes pasos con los que puede iniciar su trayectoria a la libertad:

● Identifique las heridas de su niñez; casi todos hemos experimentado de niños algo que nos causó dolor. Puede ser un problema menor y superficial, o heridas y sufrimientos profundos. No siempre podemos recordarlos con claridad. Si el recuerdo se ha desvanecido, no trate de excavar en el pasado. Los recuerdos surgirán cuando esté listo y pueda procesarlos.

● Identifique las reacciones en su vida que afectan sus valores y perpetúan la vergüenza. Las reacciones que constituyen ahora nuestra conducta revelan si fuimos heridos en la niñez. Quizá el incidente haya desaparecido de nuestra memoria consciente, pero la herida impulsa inconscientemente nuestra conducta. Mi proceso de recuperación se inició antes que los recuerdos afloraran a la superficie, porque identifiqué mis actos y los cambié. Es un proceso.

> *La vergüenza causada por heridas recibidas en la niñez se puede procesar para convertirla en culpa, así como la oruga se convierte en mariposa. Descubrir las causas de nuestra vergüenza es el principio de esa transformación.*

● Reconozca que la vergüenza va acompañada de sufrimiento. Esto es normal. Escriba en un diario o cuaderno los sentimientos que ha asociado con cada incidente. Siga el proceso. Con el tiempo el dolor disminuirá y verá la luz al final del túnel.

● Si el dolor y el temor asociados con los incidentes son tan intensos que no los puede soportar, *busque ayuda*. Podría hablar con un amigo o amiga de confianza, un miembro de la familia o su pastor. Si esto no conviene en su caso, no debe sentir vergüenza de buscar ayuda profesional.

- Enfoque su atención en el crecimiento, el cual desarrolla la madurez de carácter. Si el crecimiento emocional quedó detenido, nuestro ser y carácter nunca se han desarrollado. Poseemos una seudopersonalidad y, en este caso, las modificaciones de la conducta no perdurarán. Cuando nos enfocamos en el desarrollo del carácter, crecemos desde adentro y la conducta cambia con el paso del tiempo. Entonces el cambio puede ser permanente.

- Viva pensando en el futuro en vez de dejarse dominar por el pasado. Elija vivir en el proceso a la solución, en lugar de perpetuar el problema. Fije sus ojos en el futuro. A medida que maduramos, tomamos el control de nuestra vida y dejamos atrás situaciones, circunstancias y otras personas. Así podemos alcanzar nuestros sueños, metas y visiones.

- Determine que hará todo lo posible para poner fin a la conducta conectada con la herida. Cuando identifique una acción negativa, busque la acción opuesta y propóngase cambiar. No trate de cambiar todo de inmediato. El tiempo es nuestro aliado. A muchos nos tomó años llegar a ser lo que somos, y el proceso de recuperación quizá nos tome el resto de la vida. Sin embargo, todo será mejor progresivamente.

Continúe creciendo usando afirmaciones positivas sobre su autovalía, encontrando un sistema o grupo de apoyo, y enfocando su atención en el crecimiento espiritual.

Para el hombre violento, lo primordial es que aprenda a contenerse (que acepte su responsabilidad y tome la iniciativa para poner fin a su conducta). Esto debe hacer tanto el que maltrata emocionalmente como el que lo hace físicamente. Para la víctima, lo primordial es su seguridad (que se aleje de la situación usando los recursos que ofrece la comunidad, tales como separación marital, consejería, lugares de refugio, orden legal de protección, aplicación de la ley).

Si usted es una mujer que sufre abuso emocional, hay otra salida: Al descubrir su propia valía, comprenderá que tiene la capacidad para tomar decisiones y asumir un control saludable de su vida. Está libre para descubrir a la persona que Dios tenía en mente cuando la creó. El proceso de sanidad ha comenzado.

EL MODELO DEL ENOJO

Después que descubrimos la causa de nuestra vergüenza, hay dos posibles reacciones: dolor y enojo. Nuestro enojo como adultos es generalmente un modelo "perfeccionado" de los modelos que aprendimos en la niñez. Si mi papá gritaba y arrojaba objetos cuando algo le desagradaba, yo también lo haré. Su modelo me autoriza a manifestar la ira como él. Y, parece que resulta. Cuando levanto la voz, mi esposa y mis hijos se apresuran a obedecer mis órdenes y a solucionar mis problemas. Yo tengo el control.

Aunque decida rechazar el modelo de mi padre, tengo que descartar lo aprendido y modificar mi respuesta de enojo. De lo contrario, se manifestará en otras formas, como control, manipulación, inflexibilidad, o evitando enfrentarme a los conflictos. Cuando me enfado, no arrojo cosas ni grito; más bien ignoro a mi familia y le doy el tratamiento del silencio. Mi esposa y mis hijos se esfuerzan más para agradarme y solucionar mis problemas. Yo tengo el control. Y, a pesar de mi determinación de no ser como mi padre, sin saberlo estoy siguiendo su modelo en lo que respecta al enojo.

Para comprender las reacciones emocionales, conviene examinar dos generaciones pasadas en la familia de origen. Saber cómo expresaban enojo sus padres y abuelos puede ayudarle a entender sus propias reacciones.

Los modelos de enojo en mi familia de origen

1. ¿Cómo manifestaban el enojo sus padres?

_____

_____

2. ¿Cómo reaccionaban sus padres al enojo del uno por el otro?

_____

_____

3. ¿Cómo manifestaban el enojo sus abuelos?

_____

_____

4. ¿Cómo reaccionaban sus abuelos al enojo del uno por el otro?

_____

_____

5. ¿Qué hacían sus padres ante el conflicto: lo resolvían o lo ignoraban?

_____

_____

6. ¿Sentía usted temor cuando sus padres expresaban enojo?

_____

_____

7. ¿Le permitían expresar su enojo cuando era niño(a)?

_____

_____

8. ¿Cómo manifestaba usted su enojo cuando era niño(a)?

_____

_____

9. ¿Cómo expresa su enojo ahora?

_____

_____

10. ¿Si pudiera, ¿cómo cambiaría su reacción de enojo?

_____

_____

La forma en que expresamos enojo como adultos es, por lo general, una versión mayor de nuestras manifestaciones de enojo en la niñez (conducta aprendida). Estas están "establecidas" o "fijas". Por tanto, son también previsibles. Los que nos conocen, saben exactamente qué necesitan hacer para obtener las reacciones de enojo que desean provocar.

Sin embargo, puesto que aprendimos estos modelos, es posible también desecharlos y adoptar otros. Adaptando nuestras expectativas y reacciones, podemos escoger el modelo que deseemos. El enojo es una reacción universal, básica, normal e inevitable. Generalmente incluye cierto grado de malentendido, y sus raíces se encuentran en nuestras propias expectativas insatisfechas. Crea internamente una fuerza física mayor, la cual nosotros decidimos controlar o no controlar.

El enojo es una emoción secundaria, originada en otras emociones más básicas. Se manifiesta cuando la persona enfrenta lo contrario a lo que cree o al concepto que tiene de sí misma. Nuestras reacciones de enojo imitan un modelo y están programadas; por medio del ejemplo se nos enseñó cómo responder. Puesto que las respuestas se crean internamente, también pueden controlarse de esa manera. A menudo las expresamos hacia los que son importantes para nosotros.

El enojo es una reacción emocional a ciertas situaciones que producen tensión. El enojo no es una emoción primaria, sino más bien una respuesta secundaria como reacción. En el "Modelo del enojo" (véase Figura 7) podemos ver las emociones más básicas que lo originan.

Cuando nos enojamos, reaccionamos impulsivamente. Si no esperamos para responder ni controlamos los impulsos, al encenderse nuestro enojo reaccionamos tal como hemos aprendido, que por lo general es una conducta agresiva. El enojo y la agresión son diferentes porque ésta tiene como objetivo herir o causar daño, mientras que el enojo nos

> *El enojo es una reacción de desagrado que es universal, básica, normal e inevitable. Generalmente incluye cierto grado de malentendido, y sus raíces se encuentran en nuestras propias expectativas insatisfechas.*

da fuerza, determinación y a veces satisfacción. Tiene efectos agradables y desagradables. Nuestro propósito es disminuir los efectos negativos e incrementar los positivos.

El enojo se experimenta en diferentes niveles de intensidad. Si es mínimo, se puede usar en forma constructiva; el enojo intenso, por otro lado, rara vez produce resultados positivos. Dejarnos dominar por el enojo o enfurecernos nos impide pensar con claridad. En ese momento es posible decir o hacer algo que más tarde lamentaremos.

La agresión puede causarnos serios problemas. Cuando pensamos que alguien se ha aprovechado de nosotros de una forma u otra, queremos vengarnos de quien nos ofendió, aunque sea la persona más cercana a nosotros y la que

FIGURA 7
EL MODELO DEL ENOJO

EXPECTATIVA	CAUSA		
"Mandamientos para la vida"	Herida al yo	Sentimiento primario	Sentimiento secundario
Otros deben ser siempre amables, considerados y justos conmigo. Deben comprenderme.	No me quieren.	Dolor Resentimiento	Enojo
Otros deben ser puntuales, honestos y razonables conmigo. Deben respetarme.	No son justos conmigo.	Desilusión Desánimo	Enojo
Siempre debo entender, asumir el mando, ser decidido y tomar la iniciativa.	No comprendo esto.	Confusión Frustración	Enojo
Siempre debo ser competente, eficaz, correcto, positivo, compasivo, elocuente, perfecto (basado en la vergüenza).	No hago bien mi trabajo.	Incapacidad Inseguridad	Enojo
Siempre debo estar motivado, ser entusiasta y positivo.	No tengo una buena actitud.	Desaliento (Desesperación)	Enojo
Siempre debo tener el control, ser independiente, tener fe, creer en mí mismo, alcanzar logros.	No sé qué hacer en esta situación.	Inutilidad	Enojo
Siempre debo ser valiente, seguro, valeroso, fuerte, un modelo.	No puedo enfrentarme a esto.	Miedo Ansiedad	Enojo
Nunca debo cometer errores, caer, ser egoísta ni herir a otros.	Si no soy perfecto, no soy una buena persona.	Vergüenza	Enojo
Otros deben respetarme a mí, mis decisiones, opiniones y escogimientos. Si no lo hacen, no me quieren.	Los demás no me aceptan.	Rechazo Soledad	Enojo
Debo usar las habilidades que he aprendido en la vida.	Cometí un grave error.	Culpa Tristeza	Enojo

(columna central vertical: SITUACIÓN)

Adaptado de James Moore, *Modern Learning Systems* (Minneapolis: publicación personal, 1981).

más amamos. A veces decidimos estallar en ira antes de pensar en las consecuencias para nosotros o para otros.

El enojo no se convierte automáticamente en agresión. Tener el deseo de golpear a alguien, y hacerlo, son dos reacciones diferentes. A veces golpeamos a la otra persona porque es la única forma de actuar que conocemos. Esto es maltrato y es el modo incorrecto de enfrentar el enojo. Las respuestas de enojo imitan un modelo y están programadas; en la niñez nos enseñaron cómo reaccionar.

Uno de los pasos más importantes para controlar el enojo es reconocer las señales de tensión, tanto internas como externas. Al comprender qué es lo que provoca su ira y cuáles son las señales de tensión, puede aprender a relajarse y mejorar su capacidad para controlar el enojo. Puesto que éste se crea internamente, podemos controlarla también de ese modo.

El primer paso hacia la solución es comprender cuáles son las causas básicas del enojo. Cuando reconocemos el enojo y el dolor inicial, entonces tenemos opciones para enfrentar los sentimientos y resolver el conflicto. Examinemos las opciones:

Atacar

El ataque quizá disipe la energía acumulada pero no resolverá el conflicto. Consumirá la adrenalina, pero dejará el problema sin solución. Además, este acercamiento puede tener consecuencias negativas (relaciones rotas, arresto, alejamiento, rechazo y otras).

Negar el problema y escapar

Negar que existe el conflicto y escapar deja la sensación de incapacidad y debilidad. Una vez más nos sentimos como víctimas. No tenemos control de nuestra vida. Estamos a merced de los demás. Esto crea temor y ansiedad.

Guardar rencor

Guardar rencor nos afecta físicamente: Eleva nuestra presión sanguínea, acelera los latidos del corazón, los músculos se ponen tensos y permanecen así. Causa enorme tensión en la mente y en el cuerpo. Tendemos a exasperarnos más. La próxima vez que nos desagrade algo, será más fácil que nos enojemos.

Acceder

Si sentimos que siempre somos las víctimas, se prolonga nuestro enojo. Mantenemos una lista de las injusticias, asumimos el papel de mártires y vivimos en el pasado. El enojo se prolonga porque recordamos de continuo los incidentes que nos perturbaron. Si no los resolvemos, el proceso del enojo se inicia nuevamente en nuestra mente. Recordar problemas no resueltos reaviva nuestro enojo, y se convierten en realidad una y otra vez.

LA SOLUCIÓN

Primer paso: Haga una tregua

El control de los impulsos no es un atributo natural; es una conducta que aprendemos. Para empezar, se deben postergar las reacciones. Cuando las emociones que le llevan al enojo empiecen a acumularse, haga una tregua para definir lo que en verdad está sintiendo (dolor, rechazo, desamparo, vergüenza, culpa u otro sentimiento). Puede usar el Contrato de Tregua (Figura 8).

Segundo paso: Reconozca sus sentimientos

Evalúe la intensidad de su indignación y a qué actos podría conducirle esta tensión acumulada. Si no mantiene el control, ¿qué tan destructiva podría ser su conducta?

Tercer paso: Identifique la verdadera causa del enojo

¿Qué provocó el enojo? ¿Qué circunstancias crearon las emociones con las que está luchando en este momento? ¿Cuál es la situación real?

Cuarto paso: Evalúe el enojo

¿Se justifica su enojo, o percibió erróneamente la situación? Debido a las heridas que sufrió en la niñez, a su sensibilidad, temores, ansiedades y rechazos, muchas veces su percepción y sus sentimientos quizá no sean correctos. Aléjese por un tiempo de la situación, e incluso consulte a un amigo antes de tomar acción.

Quinto paso: Reflexione en la situación total

No tome acción hasta que haya reflexionado en la situación total y tenga control de sus respuestas, de sus reacciones y de sus palabras.

Sexto paso: Resuelva el conflicto

Después de pensar claramente y reconocer cuál es el verdadero conflicto, tiene varias opciones para resolverlo. Puede confrontar con calma, marcar el terreno y establecer

FIGURA 8

CONTRATO DE TREGUA

1. Las señales de que me estoy enojando son:

   _____   _____

   _____   _____

   _____   _____

2. Los factores que provocan mi enojo y que debo evitar son:

   _____   _____

   _____   _____

3. La señal neutral y no acusadora que usaré para la tregua
   será _____

4. Cuando dé la señal anterior, lo que haré será _____

   _____

5. Cuando la otra persona dé la señal de tregua, acataré las
   condiciones del contrato.

6. El período de tregua durará _____ [por lo menos
   60] minutos.

7. Al final del período de tregua, nosotros _____

   _____

8. Durante el período de tregua cumpliré las siguientes reglas: [**no consumiré cafeína, drogas ni bebidas alcohólicas**] _____

   _____

   _____

   FIRMA _____

   TESTIGO _____ FECHA _____

límites, obtener consejo sabio e imparcial, expresar sus sentimientos, negociar la solución, ceder, o pasar por alto el problema hasta otra ocasión. Simplemente podría olvidar el asunto. Usted no puede controlar a otras personas, las situaciones o las circunstancias.

Séptimo paso: Perdone

El perdón lo libera del control mental de la persona que lo ofendió. Perdonar *no* significa aprobar la conducta del culpable. Muchas veces éste mostrará un arrepentimiento falso, de modo que, para perdonar, no se necesita que la persona reconozca lo que ha hecho. El perdón mismo rompe las cadenas. El perdonar no exige que restablezca la relación con quien le ofendió. No significa que debe volver con la persona y recibir otra ofensa. Usted puede perdonar y, a la vez, establecer límites. El perdón inicia el proceso para aminorar el dolor. La decisión de perdonar principia un proceso que, con el tiempo, remueve el aguijón del dolor cuando se piensa en la ofensa. Probablemente nunca la olvidará, pero disminuirá el dolor.

El proceso del perdón

● Identifique el hecho o trauma.

● Identifique a la persona vinculada con ese hecho.

● Decida perdonar.

● Identifique sus reacciones conectadas con el hecho.

● Hable de su dolor con alguien en quien realmente confíe.

● Enfóquese en el crecimiento que forma el carácter y da madurez.

● Decida poner alto a la conducta conectada con el hecho.

● Continúe creciendo por medio de ideas positivas, reafirmación, y declaraciones de su valía.

Este proceso crea en la mente la idea de un final. La conclusión inicia el proceso de sanidad.

7
CÓMO ESTABLECER
RELACIONES
SALUDABLES

Realmente *es* posible establecer relaciones saludables. Las claves son el conocimiento, el compromiso y la disposición para poner en práctica una confianza creciente.

Para empezar, necesitamos entender lo que *es* una relación saludable y normal. Si crecimos en un hogar disfuncional o si un trauma detuvo nuestro desarrollo, probablemente no tengamos ningún modelo positivo que podamos imitar.

Las relaciones que se forman en base a *poder* y *control*, en algún momento se autodestruyen. Las relaciones saludables se establecen sobre las bases del *respeto* y la *libertad*, y se fortalecen con el transcurso del tiempo. Examinar algunos de los componentes de las relaciones saludables nos permitirá *(1)* desarrollar nuestra identidad, *(2)* iniciar el proceso del vínculo emocional, y *(3)* establecer relaciones con personas que *escogemos*, y no con personas que *necesitamos*.

En el segundo capítulo vimos la "Rueda de las formas de maltrato". La "Rueda de la relación saludable" (Figura 9) es lo opuesto. Los componentes de una relación saludable son los siguientes:

> *Las relaciones saludables se establecen sobre las bases del respeto y la libertad, y se fortalecen con el transcurso del tiempo.*

El contacto apropiado

Tocar en forma apropiada incluye mostrar aprecio con abrazos no sexuales y expresar la necesidad de ese tipo de contacto. Implica libertad para hablar de la frecuencia y el tipo de contacto. Esto es muy importante. Por ejemplo, cuando la esposa vuelve a la casa después de un arduo día de

FIGURA 9

RUEDA DE LA RELACIÓN SALUDABLE

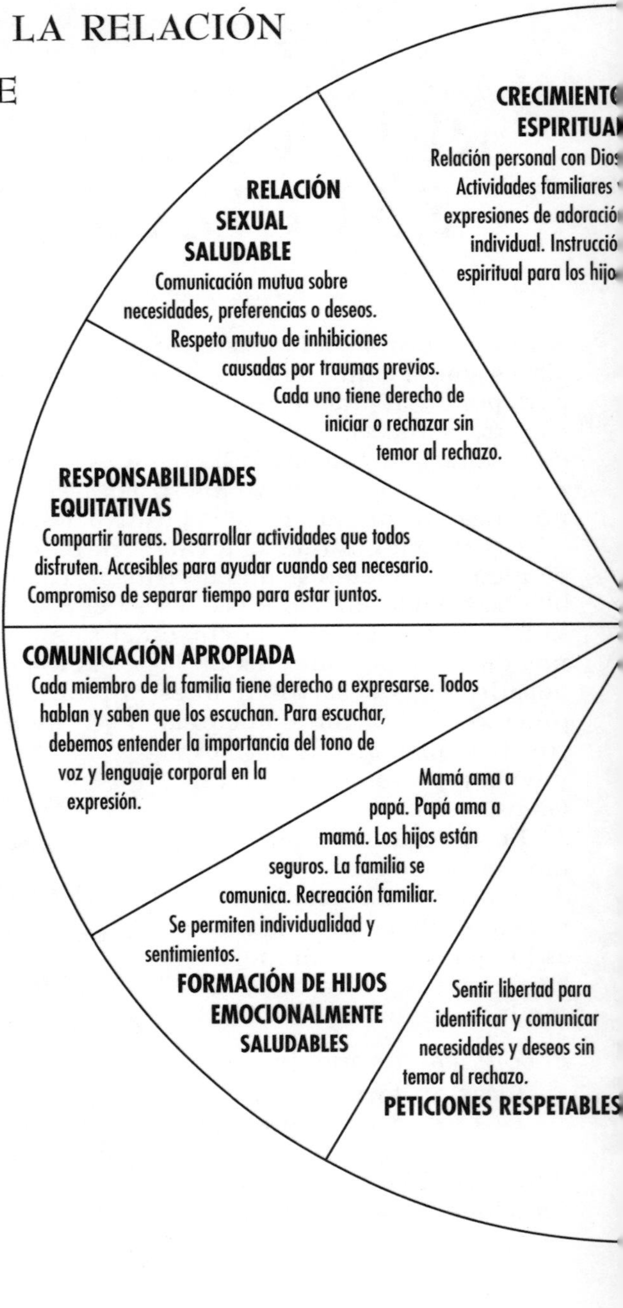

**CRECIMIENTO
ESPIRITUAL**
Relación personal con Dios
Actividades familiares
expresiones de adoración
individual. Instrucción
espiritual para los hijos

**RELACIÓN
SEXUAL
SALUDABLE**
Comunicación mutua sobre
necesidades, preferencias o deseos.
Respeto mutuo de inhibiciones
causadas por traumas previos.
Cada uno tiene derecho de
iniciar o rechazar sin
temor al rechazo.

**RESPONSABILIDADES
EQUITATIVAS**
Compartir tareas. Desarrollar actividades que todos
disfruten. Accesibles para ayudar cuando sea necesario.
Compromiso de separar tiempo para estar juntos.

COMUNICACIÓN APROPIADA
Cada miembro de la familia tiene derecho a expresarse. Todos
hablan y saben que los escuchan. Para escuchar,
debemos entender la importancia del tono de
voz y lenguaje corporal en la
expresión.

Mamá ama a
papá. Papá ama a
mamá. Los hijos están
seguros. La familia se
comunica. Recreación familiar.
Se permiten individualidad y
sentimientos.

**FORMACIÓN DE HIJOS
EMOCIONALMENTE
SALUDABLES**

Sentir libertad para
identificar y comunicar
necesidades y deseos sin
temor al rechazo.
PETICIONES RESPETABLES

CONTACTO APROPIADO
Mostrar aprecio con abrazos no sexuales. Libertad para expresar la necesidad del contacto —frecuencia y tipo de contacto.

VÍNCULO APROPIADO
Apoyo emocional. Composición de dos percepciones que permiten la individualidad, y a la vez crea una nueva entidad llamada "nosotros". Desarrolla estima y valía.

COOPERACIÓN ECONÓMICA
Mutuo consentimiento para gastos mayores. Comunicación abierta respecto a asuntos financieros, grandes o pequeños.

RESPETO A LA PROPIEDAD
Respetar la relación, la propiedad de ella y la de él, la propiedad mutua y la de cada hijo.

Muestras de afecto aceptables en público. Ponerse de acuerdo sobre el tema antes de actuar. Estructura y programación versus espontaneidad.
CONDUCTA SOCIAL APROPIADA

Derecho al espacio personal. Intereses, actividades, decisiones, amistades y crecimiento individuales. Derecho a rechazar lo que nos disgusta.
INDIVIDUALIDAD APROPIADA

trabajo y está preparando la cena para la familia, no es fácil que responda al esposo cuando éste llega y empieza a tocarla sexualmente. En ese momento su mente está enfocada en otras cosas.

Kevin Leman —un sicólogo cristiano de Tucson, Arizona—, en el video *Battle of the Sexes* (Batalla de los sexos), declara que generalmente la mujer no toma la iniciativa para acercarse al esposo y abrazarlo porque, si lo hace, en 1.7 segundos él lo interpreta sexualmente. Las mujeres a veces necesitan muestras de aprecio y abrazos no sexuales. Si ella sabe y confía que puede ser valorada en forma no sexual, y que no corre riesgo al recibir un abrazo, entonces responde en forma más sexual. Esto tiene que ver con el factor de confianza. Tocar, abrazar y acercarse sin un interés sexual es muy importante en la relación.

El vínculo apropiado

El vínculo apropiado empieza con el apoyo emocional. Por ejemplo, veamos las diferencias entre el apoyo emocional del hombre y el de la mujer.

Ella regresa a casa del trabajo, se sienta a la mesa para comer y dice: "Este ha sido el peor día de mi vida. Llegué a la oficina esta mañana, terminé todo lo que debía entregar hoy, puse en el escritorio del jefe un informe tal como lo había pedido, pero me gritó porque no lo había terminado más rápido. ¡*Nunca* había tenido un día tan horrible como hoy!"

El esposo comenta: "Si crees que tu día fue malo, espera que te cuente cómo fue el mío", o dice: "No exageres. ¿Por qué te molestas? Quizá este fue un día difícil para el jefe. Su esposa tal vez lo hizo enojar esta mañana, o tuvo un accidente en el camino, o su auto se quedó sin gasolina. Seguramente algo le sucedió".

Lo que la esposa necesita en esta situación es apoyo emocional. Pero, su esposo parece defender al enemigo, al que la maltrata emocionalmente en el trabajo o que le ha gritado. Su esposo no sólo justifica la conducta de quien la ha herido, sino que la hace sentir culpable por ser tan emocional. Cuando él se pone de lado del jefe que la ha tratado mal y ha herido su espíritu, ella se pregunta: "¿Acaso estoy loca? ¿Está errada mi percepción?" La actitud del esposo hace que ella dude de sí misma. Ella debería sentirse libre para llegar a su hogar y compartir francamente lo que le ha sucedido. En

vez de iniciar un concurso de quién tuvo el peor día, él podría decir: "Creo que estás enfrentando bien esos problemas.
Si yo hubiera tenido un día así, me imagino que me sentiría
como tú". El la apoya y ella no cree que está loca.

El apoyo emocional es parte integral del vínculo en la
relación. Vincularse consiste en apoyarse emocionalmente,
interesarse el uno en el otro, escucharse y compartir sus sentimientos más profundos.

Dos percepciones

Tenemos que comprender que la pareja casada es un
compuesto de dos percepciones. El cerebro almacena un
número aparentemente ilimitado de recuerdos. De esos recuerdos provienen nuestro dolor, nuestro gozo, nuestras percepciones, opiniones y prejuicios. La relación matrimonial es
la combinación de dos percepciones, la cual permite la individualidad y las opiniones personales, pero a la vez crea una
nueva entidad amplia cuando la pareja se une y se llama
"nosotros". Es decir, en vez de que el esposo procure moldearla para que satisfaga sus necesidades, o que la obligue a pensar como él —o que la esposa trate de hacer lo mismo con
él—, ambos reconocen sus percepciones, que son totalmente
diferentes. Esto les da una perspectiva más amplia de lo que
ocurre en la vida de ellos como pareja. Yo deseo que Judy
mantenga sus opiniones y desarrolle su identidad, carácter
y autonomía, y debo animarla para que sea lo que debe ser.
Ella tiene una perspectiva y yo tengo otra, de modo que ante un problema o ataque, podemos ver todos los ángulos.
Ella ve aspectos que yo no veo. Y yo veo otros que ella no ve.
Eso fortalece la relación. Yo aún soy un individuo, y estoy
creciendo a mi manera. Ella también está creciendo a su
manera. Sin embargo, juntos hemos creado una entidad
muy amplia llamada "nosotros", que puede salir y enfrentar
el mundo, si lo hacemos juntos.

La cooperación económica

La pareja debe ponerse de acuerdo respecto a los gastos
mayores, y mantener la comunicación abierta respecto a todo asunto financiero, sea grande o pequeño. Es decir, ambos
deben saber en todo momento cuál es su situación financiera, lo cual crea estabilidad y seguridad al trabajar juntos en
esta área. Los temas que pudieran discutir son: la distribu-
ción proporcional de los gastos, la necesidad de tener fon-

dos personales de los que no tengan que rendir cuenta, la facultad de impedir que se contraiga alguna deuda, y mutuo consentimiento para hacer compras mayores.

El respeto a la propiedad

Esto incluye respetar la relación, la propiedad de ella, la propiedad de él, la propiedad mutua, y la propiedad de cada hijo. Es decir, los hombres no son dueños de todo. Hay ciertas cosas que pueden ser *realmente* de la esposa, como el juego de loza que heredó de sus padres, objetos personales, el equipo de sonido que recibió en la Navidad, o el automóvil que está a nombre de ella. No hay problema. Tal vez haya otras cosas que son *realmente* del esposo, como herramientas, la cortadora de césped, o el equipo de sonido que recibió en la Navidad. Pero, ciertas cosas son de *ambos*; ella debe sentirse libre para buscar entre las herramientas lo que necesite para colgar un retrato, y estar segura de que no será golpeada por ello. (Asimismo, él debe tener libertad para escuchar un CD en el equipo de sonido que ella recibió sin escuchar quejas al respecto). Cada uno respeta la propiedad del otro.

Cuando nuestros hijos vivían con nosotros, ciertas cosas eran propiedad de ellos, pero, como su padre, consideraba que "lo que era de ellos era mío también". Les decía cómo debían usar su propiedad, qué podían hacer y cuándo podían jugar con ella, y cuándo debían tirarla. Sin embargo, en un hogar donde existe equilibrio, el respeto a la propiedad permite que los hijos y la pareja se desarrollen individualmente, y que adquieran cosas sobre las que cada uno pueda ejercer mayordomía. Esto se aplica en especial a los hijos cuando están aprendiendo a cuidar sus posesiones. Eso también es parte de la vida en un hogar feliz.

La conducta social apropiada

La conducta social apropiada incluye muestras de amor que sean aceptables en público. Si la esposa sufrió abuso sexual en la niñez, quizá le desagraden muchas de esas formas de demostración pública. En su caso, quizá considere que todo tipo de contacto en público es inapropiado, y puede hacer que se aleje. La pareja necesita dialogar sobre estos temas en su relación.

La individualidad apropiada

En una relación equilibrada hay identidad, autonomía e intimidad. Debemos ser una pareja por decisión, no porque forzamos a la otra persona a satisfacer nuestras necesidades. En la relación, cada uno necesita espacio y libertad para desarrollar sus intereses individuales. Necesitamos actividades y amistades en común como familia, pero cada uno tal vez desee o necesite actividades, amistades o actividades de crecimiento individual. Cada persona debe tener la facultad de rehusar algo que no desee, sin temer que la condenen por ello. Esta es una parte importante de la relación saludable.

Las peticiones respetables

Tener peticiones respetables implica ser capaces de identificar y comunicar nuestras necesidades y deseos sin temor al rechazo. Realmente necesitamos tener la madurez suficiente para identificar esas necesidades y expresarlas.

Muchas parejas se encaminan al desastre cuando uno espera que la otra persona lea su mente y satisfaga las necesidades que proyecta. Si ni yo sé lo que necesito, o no puedo identificarlo, la otra persona pudiera estar tratando de satisfacer la necesidad que ella percibe. Pero, la necesidad real no se ha identificado aún, así que no aprecio su esfuerzo, y la otra persona no ve una conclusión. Mi necesidad ha sido satisfecha, pero yo no sabía cuál era y se ha desperdiciado el esfuerzo de mi pareja. Aún siento el vacío.

Cuando identificamos las necesidades debemos hablar de ellas, y si en ese momento la comunicación o la respuesta no resulta como hubiéramos deseado, no debemos sentirnos rechazados. Recuerde que estamos tratando con perspectivas, y una relación saludable da lugar para la individualidad y las perspectivas.

La formación de hijos emocionalmente saludables

Mamá ama a papá, y papá ama a mamá, y los hijos se sienten seguros. La familia se comunica. Pero, como es tan común en la actualidad, muchas familias están divididas por separación marital o divorcio. El padre quizá le diga al hijo: "Te quiero mucho y siempre te querré. Siempre seré tu papá". La madre tal vez le diga al hijo básicamente lo mismo. Pero, éste no responde. Esas frases no son tan significativas para el niño como lo es la seguridad del amor del papá por la mamá, y de la mamá por el papá. Cuando el hijo ve que la madre y el padre se aman, y que hay un compromiso mutuo que demuestran al resolver conflictos, al comunicarse, cuidarse y relacionarse, él se siente a salvo y confiado, sabiendo que el hogar es un lugar seguro donde vivir.

Por ejemplo, la familia disfruta unida de momentos de recreación. Durante ese tiempo, el niño ve el amor entre los miembros de la familia y la relación de unos con otros. Observa el trabajo de equipo, la competencia, las negociaciones, la cercanía, la comunicación, el contacto, la emoción, la confianza, cómo se comparte y cómo se establecen metas. Esto crea seguridad. Se da lugar a la individualidad y a la expresión de los sentimientos, y aun los sentimientos de los niños se tratan con respeto. Si no respetamos los sentimientos de éstos, crecerán creyendo lo siguiente: "No valgo para nada y nadie quiere escucharme". El niño llegará a ser un adulto que reprimirá sus sentimientos y se rebelará en diversas formas simplemente para llamar la atención de la gente, con la esperanza de que alguien vea su dolor y lo rescate. Tenemos que aprender a tratar con los sentimientos del niño y guiarlo hacia la madurez en un hogar seguro.

La comunicación apropiada

Todos los miembros de la familia deben tener el derecho de expresarse, para que puedan hablar y saber que los demás los escuchan y los comprenden. Para aprender a escuchar, debemos entender la importancia del tono de la voz y del lenguaje corporal en la expresión. Los niños son diferentes en la forma en que escuchan, hablan y se comunican. Algunos tienen más facilidad para escuchar o para hablar. Otros tienden a abrazar y tocar, y necesitan atención física, mientras que otros usan más la vista. Los padres deben identificar cuál es el área dominante de cada hijo e hija, y tratar de comunicarse con ellos de acuerdo con su estilo individual.

Las responsabilidades equitativas

La idea de las responsabilidades equitativas incluye compartir las tareas, desarrollar actividades que todos disfruten, negociar, estar accesible para ofrecer ayuda cuando sea necesario, comprometerse a separar tiempo para estar con la familia, apoyarse unos a otros para alcanzar las metas de cada uno, seguir juntos programas de crecimiento para parejas, y aun prometer que buscarán consejería si es necesario.

La familia saludable comparte el poder dentro de la misma. Nadie tiene todo el poder.

Las relaciones sexuales saludables

Las relaciones sexuales saludables son sumamente importantes. Incluyen la libertad para expresarse el uno al otro sus necesidades, preferencias o deseos; el respeto mutuo de las inhibiciones que pudieran tener debido a traumas previos; y el derecho de cada uno de tomar la iniciativa o de negarse sin temor al rechazo.

Si la mujer sufrió abuso sexual en la niñez y su esposo demanda el tipo de actividad sexual que la forzaron a realizar entonces, él se pondrá en el lugar de quien la atacó y ella tenderá a alejarse sexualmente de él. Hasta que la esposa comprenda el problema y lo que le está ocurriendo, y se sienta cómoda con esa forma de relación sexual, debe sentirse libre para expresar su desagrado al respecto y no ser rechazada por decirlo. Si el esposo la obliga a aceptar, lo verá desde una perspectiva muy diferente hasta que resuelvan el problema. En muchos casos, para la mujer llega a ser imposible que vuelva a responder sexualmente porque ve al esposo como el hombre que la atacó.

El crecimiento espiritual

El crecimiento espiritual incluye nuestra relación personal con Dios y la relación de la familia con Dios. Incluye las actividades de la familia en el hogar y en la iglesia, nuestras expresiones personales de adoración, el respeto por la adoración individual y la denominación, la definición de nuestra participación, nuestro compromiso financiero con la fe y con la iglesia, la definición de nuestros sistemas de creencias y de nuestras tradiciones, y la capacitación espiritual de los hijos. La dirección espiritual del hogar debe ser de ambos padres. Ambos deben participar en esta área.

PASO HACIA UNA RELACIÓN SALUDABLE

Reconozcan el poder de atracción al sexo opuesto

La atracción al sexo opuesto es lo que hace que se forme una pareja. El hombre se siente atraído físicamente a una mujer. Si ella posee salud emocional, no responde tanto a la apariencia del hombre, sino a la profundidad de su carácter.

Algunos pastores han dicho: "Mire, no sé qué hacer. Cada cierto tiempo una mujer se cruza en mi vida y me siento desesperadamente atraído a ella. ¿Cuál es mi problema? Soy un hombre de Dios. Soy pastor. ¿Por qué siento esta atracción? ¿Por qué esto me perturba tanto? ¿Por qué estoy pecando?"

La atracción hacia el sexo opuesto no es pecado; es una reacción física y emocional natural. Sin embargo, el pacto del matrimonio incluye el compromiso de cerrar el corazón, la mente y los ojos a todo lo que pueda violar esa promesa. Después del matrimonio, la atracción a personas del sexo opuesto es tentación. Lo que *hagamos* con la tentación es lo que pudiera convertirla en pecado. Yo uso la regla de las 72 horas. Si alguien llega a su vida y hay cierta atracción, no piense en ello por tres días. Cuando lo recuerde, verá la realidad y la atracción generalmente habrá desaparecido.

La misma regla se aplica para enfrentar el dolor. Si algo en la vida le está causando un dolor emocional insoportable, reconozca la presencia del dolor, determine cuál es la causa y hágale frente. En 72 horas el dolor debe empezar a disminuir, y verá la luz al final del túnel.

La base es la siguiente: El viernes fue un día sumamente doloroso para Jesús, pero luego llegó el domingo. El reconoció y vivió su dolor, pero al llegar el domingo, experimentó la victoria. Le desafío a probar la regla de las 72 horas. Si reconoce su dolor y se mantiene firme por 72 horas, empezará a experimentar alivio.

En medio de las 72 horas, esté consciente de dónde están sus compromisos. Procure tener esta actitud: "Sé a dónde voy. Sé que lo he entregado todo a Dios. Toda mi vida le pertenece a El".

Desarrolle una amistad

Existen cuatro niveles de amistad: *(1)* conocidos; *(2)* informal; *(3)* cercana; *(4)* estrecha. Un problema frecuente es que a los conocidos se les confía lo que corresponde a la amistad estrecha. Por ejemplo, usted se atreve a compartir un secreto con alguien. Tres días después escucha a otras personas hablando del mismo tema. Usted se siente traicionado. Compartió demasiado de su vida con alguien sin haber tomado el tiempo para establecer una amistad cercana. Considere quiénes son sus amigos y amigas, y ubíquelos en el nivel apropiado de amistad según la relación que tiene con ellos.

En nuestro primer matrimonio, Judy y yo no éramos amigos. Eramos conocidos que estábamos casados; vivíamos y dormíamos juntos, pero no teníamos nada en común. En la segunda oportunidad, empezamos en el primer nivel, como *conocidos*, y avanzamos al nivel de la amistad *informal*. Cuando llegamos a la amistad *cercana*, ella empezó a confiar en mí. Recién entonces dialogamos del pasado y, después de un tiempo, respecto a un posible futuro.

> **Un problema frecuente es que a los conocidos se les confía lo que corresponde a la amistad estrecha.**

En este proceso descubrí cosas acerca de Judy que nunca antes había conocido, a pesar de todo el tiempo que habíamos estado casados.

Estos son los pasos para establecer o restaurar una relación. Sean amigos. Establezcan una relación segura para expresar honestamente sus sentimientos, sus necesidades y su dolor, sabiendo que no corren ningún riesgo al hacerlo. Ninguno de los dos debe adoptar las reacciones aprendidas del pasado. Después de identificar los problemas, pueden avanzar juntos hacia el nivel de la amistad *estrecha*. Compartiremos un poco más cuál fue nuestra experiencia al restablecer nuestra amistad.

Cuando se desarrollaba nuestra relación, una noche me senté con dos blocs de papel. Yo estaba experimentando sentimientos por Judy que nunca antes había vivido, ni siquiera cuando salimos juntos la primera vez. Por tanto, hice un inventario personal. Si nos casábamos otra vez, ¿de qué necesitábamos dialogar? ¿Qué factores negativos debía resolver yo? ¿Cuáles eran mis problemas? ¿Cuáles serán mis luchas cuando estemos juntos? Esto lo hice mucho antes que habláramos de volver a casarnos, pero quise empezar siendo muy honesto conmigo mismo, porque iba a incluir a alguien más en mi vida.

Durante este período, Judy y yo a menudo nos reuníamos en uno de los restaurantes *Denny's*. Era el único lugar donde aceptaba encontrarse conmigo porque era seguro. No permitía que la recogiera para llevarla al restaurante. Prefería ir en su auto porque, si alguna vez la asustaba mi comportamiento, podría entrar en el auto e irse a su casa. Yo no tenía ningún poder ni control para impedir que escapara. Me sentaba en el lado que estaba más lejos de la puerta para que supiera que tenía libertad para irse en cualquier momento.

Después empezamos a salir con un grupo de amigos. Yo no la recogía porque ella aún tenía temor. Pero, después de un tiempo, me permitió hacerlo. Salíamos como pareja, pero estábamos en un grupo, y así ella se sentía a salvo. Después empezamos a salir solos. Dialogamos acerca del matrimonio y de volvernos a casar; definimos el amor. Hablamos de lo que es el amor y de lo que no es, del amor maduro y del amor inmaduro. Podíamos ver a qué nos enfrentábamos al establecer una relación y al avanzar a otro nivel que tenía potencial.

El fortalecimiento del vínculo en una relación es un proceso continuo. Cada uno hace una inversión de sí mismo en la valía de la otra persona en una forma no sexual. Esa es la norma bíblica. Ella se siente segura porque sabe que es amada por lo que es, y una vez más, dos personas se unen y forman la nueva entidad llamada "nosotros".

> **El fortalecimiento del vínculo en una relación es un proceso continuo.**

En el altar del matrimonio se ha hecho el compromiso, la valía de ella se ha establecido, y si la relación se desarrolla apropiadamente, la sexualidad y el vínculo emocional perdurarán toda la vida. Lo que los hombres necesitamos entender es que este vínculo no debe cesar. Mientras los hombres continuemos haciendo una inversión de nosotros mismos en la vida de nuestra esposa, veremos los beneficios no sólo en la relación con ella, sino en la respuesta de nuestros hijos.

Lo mejor que usted puede hacer por sus hijos es amar a su esposo o esposa. Lo mejor que pueden hacer por sus hijos, como pareja, es fortalecer su relación, resolver los conflictos, controlar el enojo, y llegar a ser estables, responsables y dispuestos a rendir cuentas. Los hijos son fuertes, y cuando ven que mamá y papá se están esforzando por madurar en su relación, se sienten emocionados. Por tanto, sean honestos y sigan una nueva dirección.

FIGURA 10

LOS PASOS HACIA UNA RELACIÓN SALUDABLE

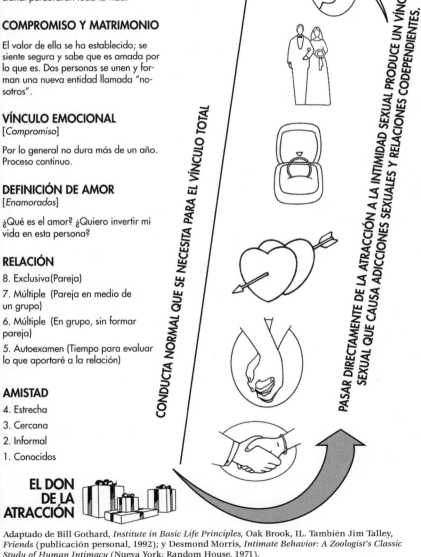

INTIMIDAD SEXUAL

Si la relación se desarrolla apropiadamente, la sexualidad y el vínculo emocional perdurarán toda la vida.

COMPROMISO Y MATRIMONIO

El valor de ella se ha establecido; se siente segura y sabe que es amada por lo que es. Dos personas se unen y forman una nueva entidad llamada "nosotros".

VÍNCULO EMOCIONAL
[*Compromiso*]

Por lo general no dura más de un año. Proceso continuo.

DEFINICIÓN DE AMOR
[*Enamorados*]

¿Qué es el amor? ¿Quiero invertir mi vida en esta persona?

RELACIÓN

8. Exclusiva(Pareja)

7. Múltiple (Pareja en medio de un grupo)

6. Múltiple (En grupo, sin formar pareja)

5. Autoexamen (Tiempo para evaluar lo que aportaré a la relación)

AMISTAD

4. Estrecha

3. Cercana

2. Informal

1. Conocidos

EL DON DE LA ATRACCIÓN

CONDUCTA NORMAL QUE SE NECESITA PARA EL VÍNCULO TOTAL

PASAR DIRECTAMENTE DE LA ATRACCIÓN A LA INTIMIDAD SEXUAL PRODUCE UN VÍNCULO SEXUAL QUE CAUSA ADICCIONES SEXUALES Y RELACIONES CODEPENDIENTES.

Adaptado de Bill Gothard, *Institute in Basic Life Principles,* Oak Brook, IL. También Jim Talley, *Friends* (publicación personal, 1992); y Desmond Morris, *Intimate Behavior: A Zoologist's Classic Study of Human Intimacy* (Nueva York: Random House, 1971).

Para reflexionar

¿Cómo es su relación? ¿Reconoce que está en el ciclo de una relación que no es saludable? Si es así, tal vez se sienta atrapada. No pierda la esperanza. Si enfrenta el problema honestamente, no tiene nada que perder, y sí tiene mucho que ganar. Considere las respuestas a algunas de las preguntas más comunes de personas que quizá estén en su situación.

Tome en cuenta los siguientes estigmas de la mujer que es víctima de violencia:

La soledad

Por lo general pensamos que estar solos es evidencia de que nadie nos aprecia, ama o acepta. En realidad, estos sentimientos nacen de nuestro temor al rechazo, de la falta de autovalía o autoestima, y de la forma en que nos han tratado toda la vida.

Cada uno de nosotros fue creado con valía e importancia. Leamos estas palabras del salmo 139:

> *Tú fuiste quien formó todo mi cuerpo; tú me formaste en el vientre de mi madre. Te alabo porque estoy maravillado, porque es maravilloso lo que has hecho. ¡De ello estoy bien convencido! No te fue oculto el desarrollo de mi cuerpo mientras yo era formado en lo secreto, mientras era formado en lo más profundo de la tierra. Tus ojos vieron mi cuerpo en formación; todo eso estaba escrito en tu libro. Habías señalado los días de mi vida cuando aún no existía ninguno de ellos* (vv. 13-16, Dios Habla Hoy).

Judy. Por mi experiencia cuando estaba casada y básicamente me había convertido en el clon de mi esposo, puedo decir que me encontraba totalmente ligada a él y mi valía consistía en estar con mi esposo. Cuando nos divorciamos, sentí como si hubiera sido una gemela siamesa a la que habían separado, dejándome sin identidad propia. Fue aterrador quedarme sola, porque había sido como una marioneta que no pensaba por mí misma, y no estaba segura de poder seguir adelante sola; pero lo logré, y descubrí en mí cualidades y habilidades que no sabía que poseía.

El divorcio

Estar sola otra vez y/o divorciada siempre se ha considerado como estigma en la iglesia y en la sociedad. Las implicaciones son: "Sin esposo, soy una persona inferior"; "seguramente soy una persona mala porque no pude mantener feliz a mi pareja"; "quizá no me esforcé lo suficiente para que mi matrimonio resultara". Recuerde que esto no es lo que dicen otras personas necesariamente, sino lo que nosotras sentimos debido a lo que nos enseñaron. Mentalmente, usted tiene que aceptar que hizo todo lo que era humanamente posible para que el matrimonio resultara. Deseche los pensamientos negativos y deje de culparse.

El maltrato

El maltrato generalmente empieza temprano en la niñez. Muchas veces el abuso es infligido por un miembro de la familia de origen, pero para algunas mujeres y niñas, el abuso quizá provenga de alguien ajeno a la familia. En otros casos, la víctima sufre los dos tipos de abuso, lo cual deja en ella una doble marca. La familia que vive basada en la vergüenza no es un lugar seguro donde la víctima puede resolver sus heridas. Esta clase de familia no dialoga, no siente y no confía; por tanto, los hijos no reciben la afirmación de su valía, el cuidado y la comprensión que conducen al proceso de sanidad. No se les permite entender que el trauma o abuso fue la responsabilidad y el pecado de quien lo cometió, y no de ellos. Sin este conocimiento liberador, los niños quedan marcados para ser víctimas por el resto de sus vidas, sintiéndose siempre inseguros y asumiendo la responsabilidad por el continuo maltrato. Para superar este estigma, necesitamos reconocer que nuestros sentimientos tienen una causa, pero que aún poseemos la facultad para tomar control de nuestra vida y seguir un nuevo camino, por decisión propia. Este proceso requiere conocimiento, comprensión y un sistema de apoyo.

La falta de dinero

El desarrollo interrumpido se manifiesta en un momento de crisis. La vergüenza de no tener dinero, de estar pobre y a merced de un esposo controlador puede ser devastadora; la mujer vive dominada por el temor y la ansiedad. En esta situación, sentimos que hemos perdido el control de nuestra vida, no tenemos escapatoria ni alternativas, estamos a merced de otra persona, sentimos vergüenza, somos como niñas indefensas. Nos sentimos asustadas porque antes teníamos el apoyo financiero, y ahora debemos defendernos solas. Nos preguntamos: "¿Cómo voy a salir de esto?" "¿Podré conseguir y mantener un empleo?" "¿Podré sostenerme a mí misma y a mis hijos?" No nos sentimos sólo devastadas, sino que creemos que no tenemos esperanza.

Esta es su oportunidad para tomar el control de su vida, para ser creativa y comprender que es una persona con valía. Cultive amistades que puedan animarle y quizá ayudarla a buscar opciones. Recuerde: Desarrollar las amistades apropiadas puede ser el primer paso para superar los estigmas.

PREGUNTAS DE MUJERES QUE HAN SIDO VÍCTIMAS DE VIOLENCIA

¿Me amará aún Dios si dejo a mi esposo?

¡Sí! El divorcio no es el pecado imperdonable. Dios siempre nos amará por lo que *somos*, no por lo que *hacemos*. El aborrece el abuso. El maltrato no proviene de Dios. Y, aunque El aborrece el divorcio, no aborrece a la persona que se divorcia o se separa del cónyuge. "Porque Jehová Dios de Israel ha dicho que él aborrece el repudio [divorcio], y al que cubre de iniquidad su vestido, dijo Jehová de los ejércitos. Guardaos, pues, en vuestro espíritu, y no seáis desleales" (Malaquías 2:16).

¿Qué enseña la Biblia acerca de la separación y el divorcio?

En Malaquías 2:16 leemos que Dios aborrece el divorcio, pero también dice que El aborrece al que cubre de iniquidad o maltrata a su esposa. En 1 Corintios 7:5, Pablo escribió: "No os neguéis el uno al otro, a no ser por algún tiempo de mutuo consentimiento, para ocuparos sosegadamente en la oración". La situación de violencia doméstica es sin duda un tiempo apropiado para separarse de mutuo consentimiento y dedicarse a la oración.

En nuestro ministerio, durante años hemos usado con éxito un esquema para guiar a la pareja en la separación estructurada. Contiene instrucciones para cada cónyuge, y un plan para proporcionar a cada uno el espacio necesario para crecer, madurar y resolver problemas y conflictos personales. La pareja tiene que firmar el acuerdo y poner en práctica las instrucciones.

La Biblia dice que no debemos divorciarnos excepto en casos de adulterio. Veamos en qué consiste el adulterio. Romanos 2:22 dice: "Tú que dices que no se ha de adulterar, ¿adulteras?" El adulterio puede ser físico, emocional, o mental en forma de fantasía. Jesús declaró: "Pero yo os digo que cualquiera que mira a una mujer para codiciarla, ya adulteró con ella en su corazón" (Mateo 5:28). Muchas veces la iglesia piensa que el acto físico es la única forma de cometer adulterio. Pero, cuando uno brinda a otra persona más afecto que a su cónyuge, o cuando la amistad con otra persona del sexo opuesto es mejor que la que disfruta con su cónyuge, entonces se ha puesto en una situación peligrosa que puede conducir a la infidelidad emocional. Esta, con el tiempo, podría llevarle a la infidelidad física.

El adulterio físico empieza con una fantasía. La mente puede visualizar y dar animación a una fotografía o a una fantasía visual. De ese modo sigue un sórdido patrón de pensamiento que supuestamente no tiene consecuencias. La fantasía es el acto de ponerle rostro a la pornografía que hay en su mente debido a lo que ha visto, experimentado o deseado. Después de fantasear cinco a siete veces acerca de una situación o una persona, la mente empieza a creer que es realidad. Esto es peligroso, especialmente cuando la persona ha usado la fantasía para autogratificación. La mente ve la fantasía y el cuerpo responde. El mensaje que recibe la mente es: "Esta es una relación real", y la reacción es eliminar la barrera y tratar de obtener lo que la mente percibe como un "hecho".

¿Qué opina Dios del abuso?

Dios aborrece el abuso. Exodo 22:22 dice: "A ninguna viuda ni huérfano afligiréis". En Lucas 4:18 Jesús dijo: "El Espíritu del Señor... me ha ungido para dar buenas nuevas a los pobres; me ha enviado a sanar a los quebrantados de corazón, a pregonar libertad a los cautivos y vista a los ciegos, a poner en libertad a los oprimidos". Veamos otra vez Malaquías 2:16, donde Dios dice claramente: "Porque Jehová Dios de Israel ha dicho que él aborrece el repudio [divorcio], y al que cubre de iniquidad su vestido [su esposa]". Salmos 72:14 dice: "De engaño y de violencia redimirá sus almas, y la sangre de ellos será preciosa ante sus ojos".

¿Qué tiene que ver la sumisión con todo esto?

En el ambiente de la iglesia, los hombres que son emocionalmente manipuladores o abusivos usan siempre el tema de la sumisión de las mujeres para lograr sus propósitos y mantener el poder y el control. Sin embargo, la Biblia enseña la sumisión tanto al esposo como a la esposa.

Efesios 5:25-28 nos recuerda que así como Cristo murió por la iglesia, el hombre debe dar la vida por su esposa. El hombre infantil y violento maltrata espiritualmente a su esposa, diciéndole que debe sujetarse a él en todo. No se da cuenta de que el mandato para él es que esté dispuesto literalmente a dar su vida por ella. ¿Cuál sumisión es mayor? En realidad, la del hombre. En esencia, 1 Pedro 3:5-6 declara que en el hogar cristiano, la esposa no debe sentirse asustada, temerosa o tensa. El pasaje en general es un mandato al hombre para que establezca un lugar seguro, donde su esposa no sienta terror ni viva dominada por el miedo y la ansiedad. Veamos el resto del mandato.

En 1 Pedro 3:7-9 se explica cuál es la conducta que debe observar el esposo: Debe ser considerado, reconocer con sabiduría la relación matrimonial, honrar a la mujer por ser más frágil físicamente, reconocer la igualdad entre ellos (coherederos de la gracia), ser de un mismo sentir con ella (unidos en espíritu), ser compasivo, amarla, ser misericordioso, cortés, gentil, amigable, no devolver mal por mal, no devolver maldición por maldición; no debe reprochar, ni insultar, ni reñir, sino siempre bendecir, orar por el bienestar y la felicidad de su esposa, orar pidiendo protección para ella, sentir empatía por ella, amarla en verdad.

Si el esposo sigue estas instrucciones, la familia será feliz. Si él se rebela contra estos principios, sus oraciones serán estorbadas y no podrá orar con eficacia (1 Pedro 3:7).

En base a este estudio de la Palabra de Dios, el autor concluye que la única oración que Dios escucha del hombre que maltrata a su esposa y a sus hijos, es la de arrepentimiento.

Otras súplicas enfrentan obstáculos o respuestas negativas porque Dios aborrece la violencia.

¿Qué debo esperar de mis amistades, mi pastor y mi consejero?

Una triste realidad en la iglesia es que cuando una mujer es maltratada, en muchos casos sus amistades, la congregación y el pastor temen enfrentar la situación. Los amigos no saben qué decir y temen escuchar lo que describe la víctima, de modo que ella se siente abandonada por aquellos en quienes debería confiar más.

Antes de continuar, describamos lo que es un verdadero amigo. Es la persona con quien podemos compartir información confidencial sin temer que nos traicione, a menos que sea un asunto de vida o muerte. Esto se llama confianza.

¿Cómo puede ayudar como amigo(a) a una mujer maltratada?

● Escuche y crea. Esté dispuesto a escuchar lo que ella tenga que decir, no importa cuánto tarde en decirlo.

● Muestre genuino interés. La víctima necesita saber que se preocupa por ella como persona y que realmente es su amigo(a).

● No traicione la confianza de la víctima y mantenga la calma. Ella debe saber que puede hablar francamente y que no corre ningún riesgo al hacerlo.

● Sea paciente. No espere que ella avance rápidamente por el proceso de cambio. Si existe peligro inmediato, usted podría ofrecerle hospedaje a ella y a sus hijos por una noche o dos, hasta que usted u otra persona les ayuden a encontrar un lugar seguro.

● Infórmese. Conozca los servicios disponibles en su área y los procedimientos a seguir para llamar a las autoridades o una agencia. Entérese de la ubicación de lugares de refugio y de servicio en su área para mujeres maltratadas.

● Anime a la víctima. Ayúdela a entender que tiene opciones y permítale decidir. No le aconseje que permanezca en una situación de violencia que pudiera poner en peligro su vida. Recálquele que no está trastornada.

● Ayúdela a entender que no es responsable por la conducta violenta de su esposo.

● Recuérdele que Dios no quiere que ella sufra maltrato. El desea que sea tratada con amor y respeto.

● Ayúdela a verse a sí misma como una persona capaz y digna de ser amada.

● Esté alerta para reconocer señales de maltrato, por ejemplo, si la mujer usa mangas largas en el verano y anteojos oscuros aun dentro de la iglesia, si no participa en eventos sociales, o si no puede dar razón de sus lesiones o sólo da excusas.

● Reafirme a los hijos de la víctima y ayúdelos en lo que pueda a satisfacer sus necesidades.

● Ore con ella y por ella.

Lo que no debe hacer

● No le diga que se quede en el hogar donde la maltratan.

● No pierda la paciencia, no juzgue ni aconseje.

● No le diga que está loca por permanecer en cierta situación.

● No le diga que usted no soportaría semejante trato.

● No intente hablar con el esposo o confrontarlo.

● No trate de intervenir en un episodio de violencia; llame a la policía.

Muchos pastores temen informarse sobre la situación o involucrarse porque dicen: "Estas cosas no suceden en mi iglesia". Durante uno de los cursos que ofrece nuestro ministerio, un ministro se puso de pie y afirmó enfáticamente que había sido pastor por 23 años en varias ciudades, y que nunca había enfrentado ni un solo caso de maltrato emocional o físico. El opinaba que estábamos exagerando el problema, ahogándonos en un vaso de agua. Aseguró que la violencia física y emocional no existía en el cuerpo de Cristo. En realidad, esta parece ser la idea en muchas iglesias y denominaciones. Sin embargo, las estadísticas muestran que el maltrato en la iglesia es tan común como en el mundo secular, o incluso peor. Por tanto, a menudo la mujer maltratada no encuentra un lugar seguro donde pueda recibir ayuda y esperanza, ni siquiera en la iglesia.

Judy. Recuerdo mi experiencia cuando había sido maltratada por tanto tiempo, y luego vino la separación y el divorcio. Acudí a la iglesia en busca de amistad y de alguien que simplemente me escuchara, pero no encontré a nadie, ni siquiera al pastor, quien no tenía tiempo para mí. Otro pastor hizo una breve oración por mí y me dio una palmadita en la mano, como si yo hubiera tenido una enfermedad contagiosa que él temía contraer. Otro pastor nunca encontraba tiempo en su calendario para escucharme. He descubierto que los pastores temen a la mujer sola y a la que es maltratada, así que evitan hablar con ellas. Rehúsan creer que el esposo pueda ser como ella lo describe; después de todo, él pudiera ser miembro del coro, líder de la iglesia, maestro de escuela dominical, o aun un amigo cercano. En algunos casos, el pastor mismo tiene el problema de la violencia. Más adelante veremos lo que se puede esperar del pastor.

Muchos consejeros no tienen la experiencia o conocimiento para comprender la dinámica de la violencia en el hogar. Cuando busque consejero, haga preguntas como: "¿Ha trabajado antes en casos de violencia familiar?" Infórmese sobre sus antecedentes y la capacitación que haya recibido. No tema hacerle preguntas específicas al consejero: "En casos de violencia en el hogar, ¿aconseja al esposo y a la esposa juntos?" Si responde que sí, no está preparado para tratar con los problemas de las víctimas de violencia. La primera regla en estos casos es brindar consejería *individual*.

Mi esposo no me ha golpeado, pero sé que algo no marcha bien. ¿Podría ser víctima de abuso?

Hay 16 formas de maltrato y sólo una es física (véase Figura 1, capítulo 2). Si vive temerosa o se siente insegura, definitivamente hay un problema. Es posible que exista alguna forma de maltrato emocional. No se arriesgue: prepare un plan para buscar protección si algo sucede.

¿Cómo puedo persuadir a mi esposo para que busque ayuda?

No puede hacerlo. Busque ayuda para usted. A medida que usted desarrolle su personalidad e individualidad, que establezca metas y límites, y en esencia, a medida que tenga su propia vida, él verá que se está quedando fuera de su vida y reaccionará al sentir que está perdiendo el control. Si la maltrata físicamente, lo único que entenderá su pareja son las consecuencias. Esto pudiera implicar una separación estructurada bajo la supervisión de un consejero capacitado. En la mayoría de los casos, la pérdida y el temor al abandono motiva al hombre violento a buscar ayuda.

¿Deberíamos considerar la posibilidad de recibir consejería juntos?

¡Definitivamente, no! El hombre violento tiene una personalidad doble que ha perfeccionado durante años para ocultar el lado agresivo. Ante los demás, parece ser un hombre bueno y conoce las palabras correctas que debe decir. Ha desarrollado la técnica de supervivencia, y puede engañar al consejero o al pastor que no conoce esa conducta.

Imaginemos una escena típica si se aconseja a la pareja en un caso en que el esposo es violento: Ambos van a la primera sesión y el consejero trata de conocerlos. El esposo se muestra extrovertido y locuaz —quizá demasiado locuaz—, culpando a la esposa y explicando los problemas de ella. Quizá él se encubra usando aun terminología religiosa y pasajes bíblicos. Si el consejero le pregunta a la esposa si es víctima de maltrato emocional, sexual o físico, ella no podrá exponer la verdad delante del esposo, por temor a lo que pasaría al salir de allí. La esposa, pues, siente que el consejero ha traicionado su confianza y que no tiene credibilidad. Ella se vuelve retraída y pierde toda esperanza. Después de dos o tres sesiones, por lo general el consejero enfoca su atención en los problemas de ella, en su depresión, y es muy posible que le prescriba medicamentos. En muchos casos, el esposo convence al consejero de que no necesita más consejería. Una vez más, él ha manipulado la situación para convencer a la esposa de que está loca.

En nuestro ministerio, el procedimiento es aconsejar a la mujer sola en un lugar seguro. Es necesario establecer la confianza para que ella sepa que no será traicionada y que le creerán. Quizá relate su historia una y otra vez porque nadie la ha escuchado antes. Esto permite al consejero conocer el tipo de maltrato que el esposo está infligiendo. Después puede dialogar con él solo. Puesto que tiene conocimiento de lo que está ocurriendo en el hogar, el consejero puede hacerle al esposo preguntas en cuanto a su responsabilidad, conduciéndolo a rendir cuenta de su comportamiento. En casos de maltrato emocional y físico, recomendamos de nueve meses a un año de consejería individual antes de hablar con los dos juntos.

Mi esposo me golpeó una vez. ¿Lo hará otra vez?

Si la ha golpeado una vez, lo más probable es que lo vuelva a hacer. Mientras más tiempo permanecemos en una relación sin resolver los conflictos, mayor es el enojo y la necesidad de controlar a los demás. Es como estar adicto a una droga; cada vez necesitamos más. Quizá empiece con abuso verbal; luego golpes contra las paredes o mesas, lo cual inspira temor. Finalmente, las mesas, las paredes y los gritos no son suficientes. Usted nunca sabe cuándo él la escogerá como el siguiente objeto de su enojo y maltrato.

Hemos conocido parejas que vivieron en un ambiente de abuso verbal y emocional por 25 ó 30 años, y luego el maltrato llegó a ser físico. En este punto muchos buscan ayuda, cuando deberían haberlo hecho hace muchos años para resolver los problemas centrales que los llevaron al incidente físico.

Mi esposo dice que si yo no lo hubiera provocado, no habría perdido el control. ¿Es cierto?

No es cierto. Ningún acto de ninguna mujer justifica o provoca la violencia. Ninguna mujer merece jamás que le peguen, la empujen, la pateen o que la lastimen físicamente en forma alguna. La mujer no provoca el enojo del esposo. Ella debe tener el derecho de expresión, el derecho de declarar lo que siente y opina. Tiene el derecho de expresar sus ansiedades, temores y pensamientos. Tiene el derecho de participar en el proceso para tomar decisiones en su relación. Tiene el derecho de preguntar y de obtener una respuesta cortés. Tiene el derecho de estar en desacuerdo con el esposo y de resolver conflictos sin que él la considere como enemiga. Tiene el derecho de sentirse segura en su hogar. El problema es el siguiente: El hombre controlador no puede reconocer que ella es su compañera y que deben constituir un equipo. La considera como su posesión en vez de una persona con valía, porque esto amenazaría su conducta controladora. Los derechos de ella como persona son vistos por él como provocación y rebeldía contra su autoridad. El hombre es responsable por sus reacciones y conducta. Debe controlar su enojo, lo cual pudiera incluir una "tregua", o que pida consejería.

¿Por qué me siento como una niña en esta relación?

El hombre controlador en una relación asume el poder del esposo y también el del padre. Considera que la esposa es su posesión, y que tiene el derecho de moldearla, guiarla y formarla para satisfacer sus deseos egoístas, y luego piensa que tiene el derecho de castigarla por rebelarse o no ceder a sus demandas. En una relación saludable, la pareja trata como adultos cada problema, es decir, hay comunicación, solución de conflictos, crecimiento personal, madurez y vínculo emocional. En la relación enfermiza, un cónyuge asume el poder del padre y fuerza al otro a desempeñar el papel del hijo. Para experimentar sanidad, la persona que se siente como niña necesita un sistema de apoyo, el cual pueda orientarla para avanzar al nivel adulto y desarrollar su individualidad e identidad. Este es un proceso que toma tiempo. Sea paciente con usted misma.

Siento que todo lo que sale mal es mi culpa.

El hombre controlador nunca ha desarrollado su personalidad ni su identidad. Su vida está basada en la vergüenza, la cual dice: "Yo *soy* mi conducta". Piensa que cuestionar su conducta es cuestionarlo como persona. Esto crea un tipo de adulto infantil que nunca quiere estar equivocado. Desde muy temprano aprende a culpar a otra persona, las circunstancias o la situación, de modo que no tiene que rendir cuentas o aceptar responsabilidad de sus reacciones, decisiones o conducta. Para el tiempo cuando establece relaciones, ha perfeccionado sus técnicas de supervivencia, al punto que la culpa siempre es de la esposa, de los hijos, del jefe, del pastor o de alguien más. Si algo resulta bien, él recibe la gloria; si resulta mal, la culpa es de otra persona. Este hombre es obstinado y luchará para convencer a otros de que él tiene la razón.

¿Por qué parecía un hombre maravilloso cuando empezamos a salir?

El antiguo dicho, "se enamoró del hombre y se casó con el niño", es cierto. El hombre controlador ha desarrollado una personalidad doble: una para el mundo exterior, la cual no es constante ni estable; y otra que manifiesta cuando está a solas con la familia. Posee una personalidad cambiante como la de Jekyll y Hyde. Mientras no está seguro del compromiso y afecto de la mujer, muestra sólo la personalidad del hombre amoroso, sociable, amable, generoso y cortés. Esto forma parte de su conquista. La transformación ocurre cuando logra tener relaciones sexuales con ella y la posee, o cuando se casan y él establece que es su dueño. El ha ganado el premio; ahora, debido a la intimidad física que ha conseguido, baja las barreras tras las que se ocultaba e inicia sus métodos de control para demostrar quién es el rey del castillo. Recién entonces ella ve la otra personalidad, porque él no puede llevar puesta la máscara del hombre bueno durante las 24 horas del día.

¿Debo permanecer con él por el bien de nuestros hijos?

La seguridad del hijo consiste en que papá ama a mamá, y mamá ama a papá. Esto crea un ambiente seguro, de apoyo y protección en el cual puede crecer. En el transcurso de los años, al conversar con niños y observar su conducta, hemos visto que muestran las disfunciones de su hogar. El hijo que crece en un hogar donde ve maltrato y violencia, probablemente también maltratará y pasará este problema a la siguiente generación. La niña que crece en este ambiente, en la mayoría de los casos será también una víctima como su mamá.

Judy. En mi experiencia como víctima, después del divorcio mis hijos se enojaron conmigo. Más tarde supe que estaban más enojados conmigo que con el padre, porque no entendían por qué yo no lo había dejado mucho antes, y por qué había permitido que nos tratara tan mal. Su hogar nunca había sido seguro. Hasta hoy luchan con la ansiedad creada en esos años, por la incertidumbre de cuándo él se enojaría otra vez y qué haría la próxima vez.

¿Debo darle otra oportunidad?

Cuando ha habido un incidente de maltrato, tiene que haber una consecuencia. Como en el caso del niño que se rebela, su mala conducta debe tener consecuencias. Los hombres violentos generalmente crecieron en hogares donde se amenazaba, se advertía y tal vez se maltrataba, pero no veían consecuencias directas por su comportamiento. Ellos aprenden a escapar de situaciones y a culpar a otras personas, las situaciones o las circunstancias. Nosotros creemos que el hombre puede cambiar, pero requiere tiempo y la intervención de una tercera persona. No puede lograrlo solo. Quizá haga toda clase de promesas, incluso que recibirá consejería en la iglesia, pero no es capaz de cambiar sin el aprendizaje, el conocimiento, la disciplina, el deber de rendir cuentas y la responsabilidad. Estas cosas se aprenden; no surgen en forma natural. La víctima ha sido herida, se ha destruido su confianza, y en muchos casos ha perdido toda esperanza. Sólo después que él reciba ayuda y demuestre el cambio durante un tiempo —en el cual usted podría ponerlo en cierto tipo de prueba debido a la falta de confianza—, debe usted iniciar el proceso hacia la reconciliación. Recuerde el antiguo dicho: "Los hechos hablan más fuerte que las palabras". Necesitamos saber que esta vez el cambio es verdadero, y no tan solo palabras. Uno puede prometer muchas cosas. La reconciliación es un proceso y requiere tiempo. Tomó tiempo llegar a esta situación, y tomará tiempo cambiarla.

Me han dicho que debo establecer límites. ¿Qué significa? ¿Cómo establezco límites?

En este tipo de situación, la víctima generalmente proviene de un hogar en el que no había límites. Decirle a alguien que establezca límites inspira temor. Para aprender a hacerlo, se necesita un sistema de apoyo que nos ayude a comprender lo que ocurre en el hogar disfuncional y lo que es el hogar normal. Esto forma parte del proceso de crecimiento, del aprendizaje para resolver conflictos, de la comunicación, del control del enojo y del desarrollo de nuestra identidad.

Al comprender lo que es normal y desarrollar mi identidad, identifico lo que me convierte en víctima y aprendo a decir "no". Establecer límites consiste en decir: "No permitiré que me hagas eso otra vez; habrá una consecuencia". Indique cuál será la consecuencia y manténgase firme. La consecuencia pudiera ser llamar a la policía, una separación estructurada, intensa consejería, u otras.

Una pareja a la que aconsejamos nos relató su historia respecto a las consecuencias. El día que se casaron, ella le advirtió que si alguna vez él la golpeaba, no debía dormir porque ella se vengaría. Tres semanas después él la golpeó. Pasaron más de dos semanas y no hubo ninguna venganza. El esposo pensó que ella había olvidado el incidente. Un día él decidió tomar una siesta. Mientras dormía profundamente, vistiendo sólo ropa interior, ella entró al cuarto y lo vio dormido. Entonces fue al garaje, tomó una tabla de más de un metro de largo, volvió a la habitación y lo golpeó con toda su fuerza en la parte anterior de los muslos. El se levantó de un salto, gritando y quejándose de dolor. La respuesta de la esposa fue que no habría una segunda oportunidad. "Nunca más te atrevas a pegarme", le dijo. El entendió el mensaje, y por 25 años no hubo violencia física, pero lamentablemente existió mucho abuso emocional. ¿Cuál es la moraleja de la historia? Establezca límites.

PREGUNTAS DEL HOMBRE VIOLENTO

¿Por qué pierdo el control?

Si lo hirieron antes que alcanzara la edad de responsabilidad y se interrumpió su desarrollo emocional, se ha quedado en la edad de la instrucción y es una persona dependiente de otros, por lo que no puede tomar decisiones. Usted decide por otras personas y controla sus vidas, pero las decisiones que toma para su vida están basadas en la indecisión, en circunstancias, en situaciones y en otra gente. No tiene control sobre su vida, así que trata de manipular y controlar las circunstancias, las situaciones y a otras personas. Esto produce una vida de caos.

Odio lo que hago, entonces, ¿por qué lo hago?

Cuando ha sido herido temprano en la niñez, emocionalmente nunca llega a la edad de la decisión. Muchas veces sabe lo que debería hacer, pero sigue el impulso de su sistema irracional de creencias y los métodos de supervivencia para mantener el control. Al fin, termina haciendo lo que aborrece porque lo impulsan sus heridas y los conflictos no resueltos. Actúa como un niño indisciplinado, haciendo lo que quiere en vez de lo que debería hacer. Aunque distingue entre el bien y el mal, aún sigue una vida indisciplinada.

Yo sólo la sujeto. ¿Acaso eso es maltrato físico?

Sí. Al tratar de las formas de maltrato, vimos que sujetar o impedir el movimiento es una de las áreas que se consideran como maltrato físico y es contra la ley. En muchos casos, cuando el hombre sujeta con fuerza a la mujer, su enojo ha aumentado al punto que él no mide su fuerza. Hemos visto casos en los que el hombre "sólo la sujetó" para que ella no se defendiera, y en el interior de los brazos ella tenía marcas de los dedos de él.

Mi hogar es mi "castillo". ¿Por qué ella no puede hacer lo que le digo?

Esta forma de pensar es medieval. La Biblia nos dice que llegamos a ser "uno" en la relación matrimonial. El pacto del matrimonio crea una nueva entidad llamada "nosotros". La verdadera relación matrimonial es una asociación y un esfuerzo de equipo. El esposo debe solicitar y valorar las ideas y opiniones de la esposa, porque ella aporta una perspectiva diferente, creando un panorama más amplio al tomar las decisiones y al ver la situación real (Efesios 5:28-30).

A veces la amo y a veces la odio. ¿Por qué?

Si las heridas de su niñez detuvieron el proceso del crecimiento emocional, nunca ha desarrollado su personalidad y carácter verdaderos. Ha creado una seudopersonalidad que no es su identidad genuina. Esa personalidad está formada por las expectativas de las personas importantes en su vida, cuyo rechazo usted teme. La falsa personalidad es cambiante, dependiendo de las personas con las que se encuentre o dónde esté. "El hombre de doble ánimo es inconstante en todos sus caminos" (*Reina-Valera 1960*). Este es el origen de la personalidad al estilo de Jekyll y Hyde. Las relaciones ambivalentes de amor y odio con nuestros padres, hermanos, cónyuge, hijos y amigos se deben a que nuestra personalidad, madurez y carácter no se han desarrollado. Al crecer y madurar, deja de lado la personalidad doble, la conducta y la mentalidad de niño (1 Corintios 13:11). Entonces tiene control de sus decisiones y de su vida. El amor es una decisión basada en madurez y compromiso.

Si ella buscara ayuda, no tendríamos problemas, ¿no es cierto?

Esta pregunta tiene que ver nuevamente con la fijación en el desarrollo. Si ha quedado detenido en la edad de la instrucción —la etapa cuando los padres solucionan todo—, entonces busca una mamá que resuelva las cosas porque usted no puede hacerlo. En muchos casos, el hombre crece cronológicamente, se casa, y le asigna a la esposa el papel de mamá. Cuando usted está en crisis, trata de que ella lo resuelva o, en esencia, que busque ayuda. De este modo usted escapa de su responsabilidad y culpa, haciéndola responsable de todo. Esta actitud nunca resuelve el problema central, porque el problema es personal, no del matrimonio. Usted es el que debe buscar ayuda por medio de consejería.

¿Por qué ella no me ama como creo que debería amarme?

La mayoría de los hombres ven el amor en la relación matrimonial como desempeño de responsabilidades y sexo. Para el hombre, el desempeño significa: "Yo pago el alquiler, compro los víveres, proveo los muebles", etc. El sexo significa: "Ella atiende mis necesidades físicas, limpia la casa y cuida a los hijos a cambio de mi desempeño". Este proceso de pensamiento del hombre no es consciente necesariamente; es más bien una suposición sutil motivada por la sociedad, por la conducta aprendida y por las heridas de la niñez. Nadie nos ha enseñado jamás lo que es el amor, la intimidad y el vínculo emocional "verdaderos". La Biblia nos dice que debemos aprender estas cosas de los hombres mayores. Pero, en nuestra sociedad, la familia ha sufrido demasiadas heridas y destrucción, por lo que crecemos tratando de crear una nueva definición de lo que consideramos amor.

¿Por qué ella ya no quiere hacer el amor?

Entre el hombre y la mujer hay diferencias emocionales distintivas. Para el hombre, la sexualidad es un acto físico.

Se enfoca la atención en él y se lleva a cabo en poco tiempo. El hombre puede hacer a un lado los conflictos, las distracciones externas, los compromisos, la comunicación y otros factores, y tener relaciones sexuales enfocándose sólo en el acto sexual y la autogratificación. Para la mujer, la sexualidad es parte de su vida, de su ser. En la mente femenina, las relaciones sexuales constituyen un panorama más amplio. Incluye confianza, compromiso, vínculo emocional, intimidad, responsabilidad, disposición para rendir cuentas, comunicación, promesas cumplidas, respeto, ternura y preocupación por ella y por los hijos. Cuando el hombre maltrata a su esposa, el mensaje que le comunica es que ella sirve sólo para una cosa: sexo. Al recibir este mensaje, todo su interés sexual desaparece, y él tiene que iniciar otra vez el proceso para atraerla.

La respuesta sexual de la mujer en el matrimonio empieza cuando la pareja empieza a salir y cultivan una amistad cercana pero no sexual, la cual forma el fundamento de la confianza. Al continuar el proceso del cortejo, él desarrolla su intimidad no sexual, es decir, conociéndola mejor, escuchando sus experiencias de la niñez y los antecedentes familiares. El la trata con respeto y el amor crece, creando una validación que le permite saber que es amada por lo que es, no por lo que hace. Una etapa de noviazgo sin relaciones sexuales antes de llegar al altar del matrimonio, establece el honor de la mujer y afirma la valía de su identidad. En nuestro ministerio pedimos a las parejas casadas que realicen un ejercicio; consiste en iniciar un proceso de citas sin motivación sexual, con el propósito de restablecer el honor y la valía de la esposa.

¿No debería irse ella de la casa?

Esta pregunta está relacionada con el tema del "rey del castillo" que vimos antes. En los últimos 25 años del movimiento relacionado con la violencia doméstica, por lo general la mujer es quien ha tenido que irse de la casa. Esta mentalidad también es medieval. El hombre que controla a la familia también controla las finanzas, y después espera que la mujer se vaya y se sostenga sola. El la ha maltratado, intimidado, controlado y herido; sin embargo, ella tiene que llevarse a los hijos, imponer cambios en la vida de éstos, y huir del hogar a un refugio. Allí ella casi no tiene vida privada y no recibe muchos ingresos económicos, o tal vez ninguno. Generalmente permanece en el refugio de una a tres semanas, y luego retorna a la casa. En ésta encuentra los platos sucios, la basura acumulada, la ropa sucia, y él está enojado, demandando que ella cumpla sus deberes hogareños, incluyendo las relaciones sexuales. Puesto que el hombre tiene más acceso a recursos financieros, y que los hijos son las otras víctimas inocentes, creemos que es él quien debería irse de la casa, permitiendo que la esposa y los hijos permanezcan en el lugar que conocen, y que él debe seguir proveyendo el sostenimiento económico.

Si ella se comporta como niña, ¿no debería tratarla como a tal?

El matrimonio está formado por dos adultos que quizá hayan sido heridos y muchas veces actúan en forma infantil. Esto no le da a ninguno de ellos el derecho de asumir el papel de padre y castigar o tratar a su pareja como a un niño. Si uno sufre, el otro debe apoyarlo y animarlo durante ese tiempo. Si ocurre con frecuencia, entonces deberían buscar consejería. La mente reconoce las acciones más que las palabras. Si el hombre trata a su esposa como niña, el interés sexual de ella por él disminuirá rápidamente. Nuestra mente está programada para no tener relaciones sexuales con nuestros padres. Por tanto, si el esposo actúa como un padre estricto y disciplinario, ella no podrá sentir atracción sexual por él. Como dijimos, los hechos hablan más fuerte que las palabras.

Después de todo lo que hice por ella, ¿cómo puede hacerme esto?

Muchos matrimonios están basados en "yo haré algo por ti si tú haces algo por mí". Esta es una mentalidad egocéntrica e infantil. Lo que motiva al niño es la recompensa o lo que puede obtener. El adulto debe ser capaz de ver lo primordial, es decir, el proceso del vínculo emocional duradero, el cual permite desarrollar la relación y la intimidad. El maltrato destruye este vínculo. El amor incondicional consiste en darse uno mismo sin esperar nada a cambio (1 Corintios 13).

¿Por qué ella actúa siempre como mi madre?

El modelo que presentan los padres ante sus hijos establece las expectativas de éstos respecto a su propio matrimonio. Nos guste o no, los hombres tendemos a casarnos con alguien como nuestra madre. Tal vez teníamos una relación ambivalente (amor-odio) con ella, pero aprendimos a aceptarla. Luego empezamos a salir con muchachas, y creemos que hemos escogido a las que son totalmente distintas a nuestra mamá. Sin embargo, hay semejanzas básicas de las cuales no estamos conscientes. Son aspectos con los que estamos familiarizados en nuestro subconsciente y, por lo mismo, es más fácil aceptarlos. Poseemos la capacidad para aceptar lo que conocemos, porque es fácil y no requiere pensar en algo nuevo. Si nuestro desarrollo se ha detenido, en forma inconsciente daremos a nuestra esposa el papel de madre, llamándola incluso "mami", para que cuide de nosotros; pero luego nos enojamos cuando hace precisamente lo que esperábamos.

No la maltraté tanto. ¿Por qué hace tanto escándalo? ¿No es suficiente que le haya pedido disculpas?

Muchas veces nos parece que la reacción de la mujer es exagerada porque no queremos asumir la responsabilidad por nuestras reacciones y nuestro comportamiento. Cuando el hombre ha herido a su esposa, rara vez quiere escucharla, aceptar su culpa y las consecuencias de su conducta. Por lo general la mujer no reacciona a la primera ofensa. El dice que lo siente y ella quiere creerle. Al pasar el tiempo y al repetirse los incidentes de violencia, la frase "lo siento" ya no significa *nada*. Después él usa esa frase como herramienta de manipulación para que ella deje de molestarlo. "Lo siento" llega a significar: "Te dije que lo siento. ¿Qué más quieres que haga: que sangre por ti, que caiga al suelo y me muera, o qué? Se supone que debes perdonarme y seguir adelante. ¿No dice la Biblia que debes perdonar y olvidar?" Eso es maltrato espiritual, y una excusa para eludir la responsabilidad y las consecuencias de sus acciones. Las consecuencias que quiere evadir son los sentimientos de la esposa y la solución del problema presente. A ella le transfiere la responsabilidad de lo que él ha hecho, por no perdonarlo y no responder a sus deseos. Después de un ciclo de violencia

—la acumulación del enojo, el maltrato y la etapa de la luna de miel—, él quiere hacer el amor y quiere hacerlo inmediatamente. Eso no es amor ni restauración; sólo es conquista y otra forma de maltrato. El hombre sabe que abusar es romper el pacto del matrimonio (Efesios 5:28-30). La violencia en el hogar es una violación de la ley. Es un crimen.

Temo que podría lastimarla gravemente. ¿Es posible?

Cuando no resolvemos la causa de nuestro enojo y de nuestras emociones, tenemos el potencial de maltratar emocional y físicamente. El origen de nuestro enojo e ira quizá se remonte a la niñez, y esos problemas no resueltos continúan perturbándonos. Al crecer, sobre esas heridas que nos causan dolor añadimos otros conflictos no resueltos. Después de un tiempo, el enojo llega a ser nuestra segunda naturaleza. Perdemos el control fácilmente, reaccionamos sin pensar, y vamos rumbo a la destrucción. Por esta razón estallamos en ira y herimos a aquellos que amamos. Al respecto se han escrito canciones, afirmando que herimos únicamente a los que amamos. Tan solo pensar en la posibilidad de lastimar a nuestra esposa significa que necesitamos ayuda. Demos el primer paso.

Este era un problema personal. ¿Por qué llamó ella a la policía?

Estaba asustada. En cada incidente de violencia ella se pregunta si esta vez quedará lesionada para siempre o si morirá. Los seres vivientes —hombre, mujer o niño— no fueron creados para ser maltratados. La Biblia habla claramente del problema de la violencia (véase Salmos 55). La violencia doméstica es un crimen. Cuando se ataca a una persona, se ha cometido un crimen y es apropiado intervenir. Por considerarlo un "problema personal", muchas mujeres que guardaron el secreto han perdido la vida. El maltrato merece una consecuencia. La mayoría de los hombres violentos no reconocen que son responsables de su conducta.

¿Por qué ella no puede mantener la boca cerrada?

Este es un mecanismo de protección de la personalidad doble del hombre violento. Cree que mantiene engañados a todos, que nadie sospecha que él sea capaz de hacer tal cosa.

Por tanto, piensa que si ella habla, arruinará la reputación de él, su empleo, su ministerio, su posición social, sus amistades, la relación con sus padres y otros aspectos. Muchas veces la víctima le cuenta a una amiga lo que está sucediendo, pero ésta no le cree porque nunca ha visto la personalidad violenta del hombre. La esposa empieza a aislarse y piensa que es ella quien tiene algún problema. El maltrato continúa hasta que no puede soportar más, así que se arriesga y habla; entonces el hombre violento se siente traicionado. Ella debería haber buscado ayuda mucho antes. No tiene obligación alguna de seguir guardando el secreto y de permitir que continúe el maltrato.

¿QUÉ PUEDE HACER MI IGLESIA?

1. Prepárense para intervenir.

Planeen con anticipación. No permitan que los sorprendan desprevenidos. Si la iglesia realmente ha aceptado el compromiso de ministrar a familias, debe estar preparada para proveer apoyo organizado. Consulten con profesionales de su área para saber cómo pueden intervenir en el caso del hombre violento, y cómo pueden proveer protección para la víctima y sus hijos. Si hay un refugio para mujeres maltratadas, pónganse en contacto con esa organización.

2. Persistan hasta ver resultados.

Sean persistentes. Al trabajar con el problema de la violencia doméstica, uno puede desanimarse fácilmente. Por lo general el progreso es lento. En muchos casos el hombre rehúsa admitir su problema y no quiere cambiar. En otros, el temor paraliza a la víctima. Estén preparados para lo inesperado. Quizá hayan retrocesos. Sean fieles. Puesto que este ministerio pudiera agotar emocional y físicamente a los participantes, no asignen todo el trabajo sólo a algunas personas. Es indispensable tener un extenso ministerio de oración para apoyar este trabajo.

3. Establezcan una red de asistencia hacia la cual puedan referir a la víctima y al hombre violento.

Esta red debe incluir alojamiento, alimento, ropa, servicio de protección, consejería profesional, el sistema judicial criminal y agencias de trabajo. Conozcan y usen agencias de buena reputación. La iglesia debe ser un punto central para coordinar la red, pero no debe hacer todo sola.

4. *Recuérdenle al hombre violento su responsabilidad.*

La iglesia es responsable de enseñar la verdad y mostrar misericordia. Si el esposo y la esposa están separados debido a la violencia física, la iglesia debe mantenerse en contacto con él con regularidad, ayudándole a comprender su responsabilidad. Si él está en la cárcel, no deben abandonarlo. Por supuesto, necesita entender que lo que hizo es un crimen y que Dios aborrece la violencia. En esta situación, la iglesia puede mostrar su posición contra el maltrato de la esposa o compañera, y a la vez ofrecer apoyo organizado y la oportunidad de rendir cuentas de su conducta. Esto le da esperanza de sanidad al hombre violento. Recuerden: El necesita consejería especializada. Incluyan este servicio en su red.

PREGUNTAS DE PASTORES Y CONSEJEROS

¿Cuáles son las señales comunes de un hombre violento?

En su libro *The Battered Woman* (La mujer maltratada), Lenore Walker ha hecho un estudio de las características comunes del hombre violento. El hombre abusivo muestra muchas de las siguientes características:

1. Tiene pobre autoestima.
2. Cree en todos los mitos acerca de las relaciones violentas.
3. Tiene ideas tradicionales respecto a la supremacía masculina.
4. Culpa a otros por sus acciones.
5. Es excesivamente celoso. Para sentirse seguro, ejerce un control exagerado de la vida de su esposa Sospecha de las relaciones de ella con otras personas.
6. Presenta una personalidad doble.
7. Reacciona en forma negativa a las presiones, y en esas ocasiones se embriaga y/o golpea a su esposa.
8. A menudo usa las relaciones sexuales como un acto de agresión.

9. No cree que su conducta violenta tenga consecuencias negativas. Niega que tengan problemas; se enfurece si la esposa revela la verdadera situación. Es extremista al maltratar y al mostrar amor.

10. Los hombres violentos generalmente provienen de hogares violentos, o donde no se respetaba a las mujeres y a los niños. La relación con la madre era ambivalente [amor/odio].

11. La personalidad es anormal. Prefiere la soledad o su participación social es superficial. Es sumamente sensible a las diferencias en la conducta de otras personas.

12. Se encuentra en todos los niveles socioeconómicos, y en todos los grupos en cuanto a educación, raza y edad.

13. No puede controlar sus impulsos, estalla en ira fácilmente, y sólo tolera un grado mínimo de frustración.

14. Su ego tiene necesidades insaciables [una característica del narcisismo infantil que no pueden detectar las personas ajenas a la familia].

15. Muestra cualidades que parecen indicar gran potencial para realizar cambios y mejoras, es decir, hace frecuentes "promesas" para el futuro.

16. Cree que sus habilidades sociales son deficientes; describe la relación con su pareja como la más cercana que ha tenido en su vida; permanece en contacto con su familia.[1]

Preguntas que pueden hacer si sospechan que un hombre maltrata a su familia:

1. ¿Creció él en una familia violenta?

2. ¿Acostumbra usar fuerza o violencia para "resolver" sus problemas?

3. ¿Es alcohólico o adicto a drogas?

4. ¿Tiene un pobre concepto de sí mismo?

5. ¿Tiene ideas tradicionales firmes respecto al papel del hombre y de la mujer?

6. ¿Tiene celos de las relaciones de su esposa con otros hombres, con sus amigas, con su familia o su trabajo?

7. ¿Sigue a su esposa a todo lugar?

8. ¿Quiere saber dónde está ella en todo momento?

¿Por qué no puedo aconsejar a la pareja al mismo tiempo?

La víctima y el hombre violento siempre deben recibir consejería por separado, de modo que puedan tratar sobre problemas personales que existían antes que se casaran. De acuerdo con los estudios realizados, más del 90 por ciento de los problemas de la pareja se originaron antes de la pubertad. Si se aconseja a los dos al mismo tiempo, la víctima no siente la libertad para hablar acerca del maltrato en la relación. Además, se le pone en peligro de ser maltratada severamente como represalia, creando un factor que podría resultar mortal. Los consejeros deben estar conscientes de que el hombre violento casi siempre negará el maltrato. Por vergüenza y miedo, la mujer maltratada estará renuente a hablar de la violencia. Recuerde: El primer objetivo es la seguridad; el segundo, la consejería.

¿A quién debo creer?

El proceso para aconsejar a la familia en la que existe violencia es reunirse primero con la mujer y entrevistarla antes de hablar con el esposo. Si ella se siente segura con su consejero(a), con la confianza de que no será traicionada, hablará francamente del maltrato en su familia. Más del 80 por ciento de las mujeres que buscan ayuda por primera vez acuden a los pastores o a un consejero cristiano. Muchas veces la mujer maltratada ha intentado hablar a otros de su sufrimiento, pero no le han creído, de modo que vuelve a aislarse y cree que no hay esperanza para ella. Escúchela atentamente; permita que se exprese y créale.

¿Cuándo debo recomendar que se separen?

Pregunte si ocurre maltrato físico. "¿La golpea?" "¿Corren peligro usted y sus hijos?" "¿Cómo expresa él su enojo?" Procure siempre que se separen si sabe que hay violencia física. A veces el maltrato emocional es tan cruel que también se necesita la separación, pero esto debe determinarse en cada caso particular. Rara vez el sistema judicial aceptará o procesará acusaciones de abuso emocional, puesto que es difícil verificar la evidencia. Las magulladuras pueden fotografiarse, pero el ojo físico no ve el maltrato emocional. Para el consejero capacitado, el lenguaje corporal expresa el

maltrato emocional. Este tipo de abuso causa mayor sufrimiento y puede perdurar toda la vida. Nuestro ministerio ha
preparado un esquema para guiar a la pareja en la separación estructurada, el cual provee orientación para el consejero y para la pareja durante el período de separación.
"El prudente ve el mal y se esconde" (Proverbios 27:12).

¿Cómo puedo utilizar los recursos de la comunidad? [2]

Los refugios: Póngase en contacto con el programa para
víctimas y testigos en su sistema judicial local, y exprese su
deseo de obtener información y conocer los recursos disponibles en la comunidad. A veces el número telefónico de los refugios no se publica, pero la corte, la policía o la Coalición
Estatal Contra la Violencia Doméstica (*State Coalition against
Domestic Violence*) pueden proporcionarle los números tele-
fónicos de los refugios. Llame a la directora del refugio y explíquele quién es usted. Explíquele que desea participar en el
trabajo de la comunidad y colaborar para resolver el problema de la violencia en el hogar. Si es consejero o pastor, nunca
se presente en un refugio sin haber llamado primero. Los refugios tienen reglas estrictas para proteger la seguridad y
confidencialidad de sus clientes. Si el refugio tiene grupos de
apoyo en la comunidad, podrían ofrecer el uso gratuito de un
salón de la iglesia para las reuniones, y el servicio de guarde-
ría para los niños durante ese tiempo.

Los servicios de asistencia legal: Averigüe cuáles son los
servicios legales disponibles. ¿Hay abogados que ofrecen
servicios gratuitos para mujeres que están en situaciones de
crisis? Averigüe cuáles son los abogados que conocen los
problemas relacionados con el maltrato a las esposas.

Los hospitales y salas de emergencia: Los médicos y enfer-
meras ofrecen una red para apoyar a la mujer maltratada,
atenderla y llevarla a un lugar seguro. También recibirán
con agrado al pastor o consejero que desee información
acerca de los procedimientos, el apoyo a las víctimas y su seguridad.

La policía: El pastor o el consejero debe reunirse y colaborar con el personal que pone en vigor la ley. Averigüe
cuáles son las reglas, por ejemplo, si el arresto se realiza a
discreción del policía; si una vez que la víctima presenta la
denuncia puede retirarla o no; cuánto tiempo pasa el dete-

nido en la cárcel, y otras. La mayoría de las comisarías tienen ahora un departamento dedicado al problema de la violencia doméstica. También ayudan a los que desean aprender más acerca del problema; quizá permitan que el pastor vaya con los policías cuando atiendan alguna llamada relacionada con la violencia en el hogar, especialmente si el pastor ha recibido capacitación para tratar con ese problema. Alguna de las mujeres de la iglesia podría ofrecer servicios voluntarios como representante de las víctimas ante la corte o para acompañarlas a los refugios.

El sistema judicial: El pastor o algún asistente en la iglesia debe ponerse en contacto con los fiscales, los agentes que vigilan a quienes están en libertad condicional, los jueces y el personal de los programas para víctimas y testigos, para conocer la organización y el trabajo de las cortes. El programa de representantes voluntarias puede ser una buena forma para que los pastores inicien la red de apoyo. Las representantes también pueden obtener una orden del juez para que el hombre violento no se acerque a su familia o para que no se comunique con ella; esa orden puede ser temporal o definitiva. Tener esta información servirá en gran manera para ayudar a proveer seguridad para la víctima.

Los programas de tratamiento y consejería para hombres violentos: Busque algún grupo de consejería y apoyo familiar en su ciudad o región. Busque información acerca de programas de tratamiento para hombres y póngase en contacto con los directores.

Como pastor, ¿cuál es mi papel o responsabilidad hacia la víctima?

El pastor necesita conocer muy bien la situación antes de trabajar más de cerca con la víctima. Escúchela con empatía. Ayude a la mujer y a los hijos a hallar seguridad y apoyo.

¿Qué lugar ocupa la sumisión en este problema?

Permítame presentar esta situación imaginaria. Una mujer que es miembro de la iglesia ha sido víctima de violencia en el hogar por años. Ella se enfrenta al esposo y le dice que hablará con el pastor acerca del maltrato. El la amenaza y aun maldice al pastor, pero ella va a la iglesia para recibir

consejería. Mientras la mujer describe francamente su sufrimiento, el pastor se pregunta qué hará ella para causar que
su esposo actúe de ese modo. El pastor le recalca varias veces la sumisión, así que ella siente que es la culpable de su
propio maltrato. Quizá el esposo deje de maltratarla si ella
cocina mejor, si mantiene la casa más limpia, si se arregla
en forma más atractiva, si es más seductora, si ora más, y si
trata de satisfacer todas las necesidades de él. La mujer regresa a la casa sintiéndose derrotada y sin esperanza. Esto es
peligroso y la pone a ella y a los hijos en gran peligro.
Cuando llega a la casa, el esposo grita: "¿Y qué te dijo ese
pastor [insulto]?" Ella le cuenta que el pastor le aconsejó que
cocinara mejor, que mantuviera la casa más limpia, que fuera más atractiva y seductora, y que tratara de satisfacer todas
las necesidades de él, y que tal vez así cesaría el maltrato. El
esposo comenta entusiasmado que el pastor está de su lado.
Incluso piensa que podría empezar a asistir a la iglesia y ha-
cerse amigo del pastor. Una vez más, ella es víctima de frases espirituales y términos religiosos. Como dijimos antes,
según Efesios 5:22, 28-30, la sumisión es tanto para el esposo
como para la esposa en forma equitativa.

Si no podemos confiar en la gente de la iglesia, que supuestamente sigue las enseñanzas de Dios, ¿cómo podré
confiar en que Dios puede salvarme de estos problemas?
Casi siempre la víctima se siente completamente sola en
una iglesia llena de gente. Acérquense a ella y créanle; ayú-
denla a sentir que es bienvenida y que Dios la ama, y que la
iglesia la ama también. No la culpen por el problema.

Pero, ese hombre violento es diácono, miembro de la
junta de la iglesia, maestro de escuela dominical —ese
hombre soy yo.

Los hombres que maltratan pueden provenir de cualquier oficio y profesión, de todas las nacionalidades, y de todos los niveles socioeconómicos y grupos religiosos. No hay
límites respecto a clase, ingresos económicos o antecedentes
culturales. Realmente es perturbador saber que la violencia
es parte de la vida de muchas familias que asisten a la iglesia fielmente. Este es un problema que la iglesia debería tratar, pero quizá es el que más descuidamos. "Mi pueblo fue
destruido porque le faltó conocimiento", dice Oseas 4:6. La

pasión de nuestro ministerio ha sido tratar de resolver este problema, en vez de ocultarlo o pretender: "Ese problema no existe en nuestra congregación". Hay esperanza y ayuda para las familias que sufren, pero debemos admitir que el problema existe. Jeremías 6:24 dice: "Curan la herida de mi pueblo con liviandad, diciendo: 'Paz, paz', ¡pero no hay paz!"

Es tiempo de que en el cuerpo de Cristo reconozcamos nuestros problemas, que seamos responsables y maduremos. Y, es apropiado tratar de estos temas desde el púlpito. Si el pastor comprende los problemas que enfrentan otras personas, entonces aquellos miembros de la congregación que sufren estarán dispuestos a responder al mensaje del amor de Dios.

NOTAS BIBLIOGRÁFICAS

Capítulo 2

1. Lonni Collins Pratt, "God, Go Away", *Herald of Holiness*, agosto de 1992, p. 26.

2. Conferencia de prensa televisada desde la Casa Blanca, Washigton, D.C., cadena de televisión CBS, 1 de marzo de 1989.

3. Murray A. Straus, Richard J. Gelles y Suzanne K. Steinmetz, *Behind Closed Doors: Violence in the American Family* (Nueva York: Anchor Press, 1981).

4. Estadísticas presentadas en el Informe sobre Violencia Doméstica de la Oficina Federal de Investigación de los Estados Unidos, *Net Benefits "Cause of the Month"*, página web en la internet: < www.netbenefits.com/causes/html >.

5. Cirujano General, Servicios de Salud Pública de los Estados Unidos, *Journal of the American Medical Association* 276, No. 23 (17 de junio de 1992), 3132.

6. *NBC Nightly News*, cadena de televisión NBC, octubre de 1996. También "Domestic Violence", en la serie televisiva *The Justice Files*, canal Discovery, 1998. También "The Facts", Family Violence Prevention Fund, página web en la internet, 1998.

7. "Fact Sheet", Colorado Coalition Against Domestic Violence, página web en la internet: < www.psynet.net/ccav >, 1998.

8. R. A. Berk y otros, "The Dark Side of Families", monografía sobre el estudio de la violencia en la familia (Beverly Hills, California: Sage, 1983).

9. "Fact Sheet", Colorado Coalition Against Domestic Violence, página web en la internet: < www.psynet.net/ccav >, 1998.

10. P. Claus y M. Ranel, "Special Report: Family Violence", Estadísticas del Departamento de Justicia de los Estados Unidos, sin fecha.

11. Elizabeth Schneider, "Legal Reform Efforts for Battered Women", informe (publicación personal, 1990).

12. "Fact Sheet", Colorado Coalition Against Domestic Violence, página web en la internet: < www.psynet.net/ccav >, 1998.

13. "Forgotten Victims of Family Violence", *Social Work*, julio de 1982.

14. "Fact Sheet", Colorado Coalition Against Domestic Violence, página web en la internet: < www.psynet.net/ccav >, 1998.

15. Straus y otros, *Behind Closed Doors*.

16. Lucy Friedman y Sara Cooper, "The Cost of Domestic Violence", informe, Victim Services Research Departament, Nueva York, 1987.

17. "Domestic Violence for Health Care Providers", informe (Denver: Colorado Coalition Against Domestic Violence, 1991).

18. "Five Issues in American Health", informe, American Medical Association, 1991.

Capítulo 3

1. Berk y otros, "The Dark Side of Families".
2. Adaptado de L. E. Walker, *The Battered Woman* (Nueva York: Harper and Row, 1979), pp. 35-37. Usado con permiso.
3. *Ibid.*, pp. 31-33. Usado con permiso.
4. Adaptado de V. Boyd y K. Klingbeil, "Behavioral Characteristics of Domestic Violence", informe, 1979. También Ruth S. Kempe y C. Henry Kempe, *The Abused Child* (Cambridge, Massachussetts: Harvard University Press, 1978), pp. 26-42. También Kendall Johnson, "Children's Reaction to Trauma", *Trauma in the Lives of Children* (Claremont, California: Hunter House Publishers, 1989), pp. 33-61.
5. Citado por Karen Burton Mains, *Abuse in the Family* (Elgin, Illinois: David C. Cook Publishing Co., 1987), pp. 7-8.

Capítulo 4

1. Entrevistas personales con Elden M. Chalmers, Bismarck, Dakota del Norte, febrero de 1993.

Capítulo 7

1. "Battle of the Sexes", programa grabado en video, moderado por Scott Ross y producido por *El Club 700*, programa de TV de Christian Broadcasting Network, Virginia Beach, Virginia, 19 de julio de 1991.

Para reflexionar

1. Walker, *The Battered Woman*, pp. 35-37. Usado con permiso.
2. Nota de la trad.: Naturalmente el autor menciona recursos que se encuentran en su país. Los pastores y las iglesias en otros países deben buscar información sobre los recursos que se ofrecen en sus comunidades.

BIBLIOGRAFÍA

Además de las obras mencionadas en las Notas Bibliográficas, se usaron las siguientes obras en la investigación y compilación de los capítulos indicados.

Capítulo 2

Ammermon, Robert T., y Michale Herson. *Assessment of Family Violence: A Clinical and Legal Sourcebook*. Nueva York: John Wiley and Sons, 1992.

Cannon, Carol. *Never Good Enough*. Boise, Idaho: Pacific Press Publishing Assoc., 1993.

Hegstrom, Paul H. *"Power and Control in Relationships"*. Estudios de casos presentados en clínicas de tres días en Denver. Publicación particular.

Russell, Diana E. H. *Rape in Marriage*. Bloomingdale, Indiana, e Indianápolis: Indiana University Press, 1990.

Capítulo 4

Bijou, Sidney W. y Donald M. Baer. *Child Development: A Systematic and Empirical Theory*. Nueva York: Appleton-Century-Crofts, 1961.

Bloom, Martin. *Life Span Development: Bases for Preventive and Interventive Helping*. Nueva York: Macmillan Publishing Co., 1980.

Ells, Alfred. *Restoring Innocence*. Nashville: Thomas Nelson Publishers, 1990.

Erickson, Erik H. *Childhood and Society*. Nueva York y Londres: W. W. Norton and Co., 1963.

_____. *Identity and the Life Cycle*. Nueva York y Londres: W. W. Norton and Co., 1980.

Garbarino, James, Edna Guttman y Janis Wilson Seeley. *The Psychologically Battered Child*. San Francisco: Jossey-Bass Publishers, 1986.

Ginsburg, Herbert, y Sylvia Opper. *Piaget's Theory of Intellectual Development*. Englewood Cliffs, Nueva Jersey: Prentice-Hall, 1979.

Hagons, Kathryn B. y Joyce Case. *When Your Child Has Been Molested*. Lexington, Mass.: D. C. Health Co., 1988.

Hofer, Myron A. *The Roots of Human Behavior*. San Francisco: W. H. Freeman and Co., 1981.

Kagon, Jerome. *Personality Development*. Nueva York: Harcourt Brace Jovanovich, 1971.

Meiselman, Karin C. *Incest: A Psychological Study of Causes and Effects with Treatment Recommendations*. San Francisco: Jossey-Bass Publishers, 1984.

Piaget, Jean y Barbel Inhelder. *The Psychology of the Child*. Nueva York: Harper, 1969.

Spreen, Otfried; Anthony T. Risser; y Dorothy Edgell. *Developmental Neuropsychology*. Nueva York: Oxford University Press, 1995.

Tobias, Cynthia Ulrich. *The Way They Learn*. Colorado Springs: Focus on the Family Publishers, 1994.

Wadsworth, Barry J. *Piaget's Theory of Cognitive Development*. Nueva York: Longman, 1971.

Capítulo 6

Albers, Robert H. *Shame: A Faith Perspective*. Nueva York: Haworth Pastoral Press, 1995.

Eastman, Meg y Sydney Croft Rozen. *Taming the Dragon in Your Child: Solutions for Breaking the Cycle of Family Anger*. Nueva York: John Wiley and Sons, 1994.

Evans, Christine Brautigam. *Breaking Free of the Shame Trap*. Nueva York: Ballantine Books, 1994.

Fossum, Merle A. y Marilyn J. Mason. *Facing Shame: Families in Recovery*. Nueva York: W. W. Norton and Co., 1986.

Kaufman, Gershen. *Shame: The Power of Caring*. Rochester, Vermont: Schenkman Books, 1985.

Kurtz, Ernest. *Shame and Guilt: Characteristics of the Dependency Cycle*. Center City, Minnesota: Hazelden Foundation, 1981.

LaHaye, Tim y Bob Phillips. *Anger Is a Choice*. Grand Rapids: Zondervan, 1982.

Lester, Andrew D. *Coping with Your Anger: A Christian Guide*. Filadelfia: Westminster Press, 1983.

Lewis, Helen Block. *Shame and Guilt in Neurosis*. Nueva York: International Universities Press, 1971.

Moore, James. *The Anger Kit*. Minneapolis: publicación personal, 1981.

Moz, Jane Middleton. *Shame and Guilt: Masters of Disguise*. Deerfield Beach, Florida: Health Communications, 1990.

Nathanson, Donald L. *Shame and Pride*. Nueva York: W. W. Norton and Co., 1992.

Rubin, Theodore Isaac. *The Anger Book*. Nueva York: Macmillan Publishing Co., 1993.

Smedes, Lewis B. *Shame and Grace*. Nueva York: Harper Collins Publishers, 1993.

Tavris, Carol. *Anger: The Misunderstood Emotion*. Nueva York: Simon and Schuster, 1989.

Warren, Neil Clark. *Make Anger Your Ally*. Garden City, Nueva York: Doubleday Publishers, 1985.

Wechsler, Harlan J. *What's So Bad About Guilt?* Nueva York: Simon and Schuster, 1990.

West, Maxine. *Shame-Based Family Systems: The Assault on the Esteem*. Minneapolis: publicación personal, 1986.

Para reflexionar

Bingham, Carol Findon. *Doorway to Response*. Springfield, Illinois: United Methodist Women Publishers, 1986.

Jackson, Tim y Jeff Olson. *When Violence Comes Home: Help for Victims of Spouse Abuse*. Grand Rapids: Radio Bible Class, 1995.

Morris, Roberta. *Ending Violence in Families*. Toronto: United Church of Canada, 1988.

Rouse, Linda P. *You Are Not Alone: A Guide for Battered Women*. Holmes Beach, Florida: Learning Publications, 1984.

Sutton, Cathy A. y Howard Green. *A Christian Response to Domestic Violence*. St. Davids, Pensilvania: NAACP in Social Work, 1985.

EL AUTOR

PAUL HEGSTROM vivió los primeros 40 años de su vida sin entender la fuerza que lo impulsaba una y otra vez a la autodestrucción. Un matrimonio en el que predominó la violencia y terminó en divorcio, una segunda relación que fue aún más violenta, una terapia que costó $20,000 y no produjo ningún cambio, y la ira continuaba. La violencia, las drogas y el alcohol se convirtieron en su estilo de vida, hasta que la amenaza de una prolongada sentencia de cárcel le hizo comprender que necesitaba ayuda. Al enfrentar severas consecuencias, Paul recibió la motivación para descubrir la raíz de sus problemas y para iniciar el proceso de sanidad.

El dramático cambio en su vida guió a Paul a tomar los pasos necesarios para ayudar a miles de familias que enfrentan el mismo peligro que él enfrentó. Más de 16 mil horas de investigación, 28 mil horas dedicadas a organizar grupos de mujeres para dialogar sobre la violencia doméstica, y la preparación de un programa para jóvenes fueron parte del desarrollo del programa *Life Skills* (Técnicas para la vida). En centros alrededor del mundo, el programa "Aprendamos a vivir, aprendamos a amar" ayuda ahora a hombres, mujeres y niños que sufren debido a la violencia.

Además, hace más de 15 años Paul se casó nuevamente con su primera esposa, y no han tenido ningún incidente de maltrato emocional o físico en este matrimonio. Paul y Judy Hegstrom viven en Aurora, Colorado, E.U.A.